**Kapitel 7: Online-Kurse und Webinare anbieten**      **40**

    7.1 Kursinhalte und Struktur      40

    7.2 Plattformen für Online-Kurse      41

    7.3 Vermarktungsstrategien für Kurse      43

**Kapitel 8: Freelancing im digitalen Zeitalter**      **46**

    8.1 Auswahl der richtigen Nische      46

    8.2 Kundenakquise und Netzwerken      48

    8.3 Preisgestaltung und Verhandlung      49

**Kapitel 9: E-Commerce und Dropshipping**      **52**

    9.1 Grundlagen des E-Commerce      52

    9.2 Dropshipping-Modelle verstehen      54

    9.3 Marketingstrategien für E-Commerce      55

**Kapitel 10: Blogging als Einkommensquelle**      **58**

    10.1 Blog-Themen und Zielgruppen      58

    10.2 Monetarisierung durch Werbung      59

    10.3 SEO-Strategien für Blogs      61

**Kapitel 11: Die Rolle von Podcasts im Nebeneinkommen**      **64**

    11.1 Podcast-Ideen und Formate      64

    11.2 Monetarisierungsmöglichkeiten      66

    11.3 Vermarktung und Reichweite      67

**Kapitel 12: Digitale Dienstleistungen anbieten**      **70**

    12.1 Arten digitaler Dienstleistungen      70

    12.2 Kundenakquise und Portfolio      71

    12.3 Preisgestaltung und Verträge      73

AF280786

## Kapitel 13: Zeitmanagement für Nebenjobs — 75

13.1 Effektive Planungstechniken — 75

13.2 Tools zur Zeitverwaltung — 76

13.3 Balance zwischen Haupt- und Nebenjob — 78

## Kapitel 14: Rechtliche Aspekte digitaler Nebenjobs — 81

14.1 Steuerliche Verpflichtungen — 81

14.2 Urheberrecht und Lizenzen — 82

14.3 Verträge und rechtliche Absicherung — 84

## Kapitel 15: Erfolgreiche Fallstudien und Beispiele — 87

15.1 Inspirierende Erfolgsgeschichten — 87

15.2 Analysen erfolgreicher Strategien — 88

15.3 Lektionen aus Misserfolgen — 90

## Kapitel 16: Zukünftige Trends im digitalen Arbeitsmarkt — 93

16.1 Prognosen für digitale Berufe — 93

16.2 Technologische Entwicklungen — 95

16.3 Anpassung an Veränderungen — 96

## Kapitel 17: Interaktive Elemente zur Umsetzung — 99

17.1 Checklisten für Strategien — 99

17.2 Schritt-für-Schritt-Anleitungen — 100

17.3 Tools zur Erfolgsmessung — 102

## Kapitel 18: Dein Weg zum Nebeneinkommen — 105

18.1 Persönliche Zielsetzung — 105

18.2 Umsetzung der Strategien — 106

18.3 Motivation und langfristige Planung — 108

# Digitale Nebenjobs heute - 7 Strategien, wie du mit KI, YouTube & Co. monatlich 1000-5000 € nebenbei verdienst !

# INHALTSVERZEICHNIS

**Kapitel 1: Die digitale Arbeitswelt verstehen**     **4**

1.1 Wandel durch Digitalisierung     4

1.2 Chancen und Herausforderungen     6

1.3 Gesellschaftliche Relevanz der Nebenjobs     8

**Kapitel 2: Künstliche Intelligenz als Einkommensquelle**     **10**

2.1 Grundlagen der KI     10

2.2 KI-gestützte Geschäftsmodelle     12

2.3 Tools zur Einkommensgenerierung     13

**Kapitel 3: YouTube als Plattform für Nebeneinkommen**     **16**

3.1 Erstellung von Inhalten     16

3.2 Monetarisierungsstrategien     18

3.3 Community-Engagement und Wachstum     19

**Kapitel 4: Social Media und Monetarisierung**     **22**

4.1 Plattformen im Überblick     22

4.2 Strategien zur Reichweitensteigerung     24

4.3 Einfluss von Trends und Hashtags     25

**Kapitel 5: Affiliate-Marketing erfolgreich nutzen**     **28**

5.1 Grundlagen des Affiliate-Marketings     28

5.2 Auswahl der richtigen Partnerprogramme     30

5.3 Strategien zur Umsatzsteigerung     31

**Kapitel 6: Digitale Produkte erstellen und verkaufen**     **34**

6.1 Arten digitaler Produkte     34

6.2 Erstellung und Vermarktung     35

6.3 Plattformen für den Verkauf     37

# 1
## Die digitale Arbeitswelt verstehen

### 1.1 Wandel durch Digitalisierung

Die Digitalisierung hat die Arbeitswelt grundlegend verändert und führt zu tiefgreifenden Transformationen, die weit über die bloße Einführung neuer Technologien hinausgehen. Sie beeinflusst nicht nur unsere Arbeitsweise, sondern auch die Struktur des Arbeitsmarktes und die Rahmenbedingungen, unter denen wir tätig sind. Diese umfassende Veränderung ist das Ergebnis eines komplexen Zusammenspiels von technologischen Innovationen, gesellschaftlichen Entwicklungen und wirtschaftlichen Notwendigkeiten. Um die aktuellen Trends besser zu verstehen und die Herausforderungen der digitalen Arbeitswelt zu bewältigen, ist es entscheidend, die historischen Entwicklungen zu betrachten.

Ein Blick in die Vergangenheit zeigt, dass jede technologische Revolution, sei es die industrielle Revolution im 18. Jahrhundert oder die Einführung des Internets in den 1990er Jahren, mit einem grundlegenden Wandel der Arbeitsbedingungen einherging. Historisch betrachtet haben solche Umwälzungen häufig neue Berufe hervorgebracht, bestehende Berufe transformiert und die sozialen Strukturen innerhalb der Gesellschaft beeinflusst. Laut einer Studie des McKinsey Global Institute aus dem Jahr 2023 wird geschätzt, dass bis 2030 weltweit bis zu 375 Millionen Arbeitnehmer aufgrund von Automatisierung und Digitalisierung ihrer Tätigkeiten umschulen oder sich neu orientieren müssen. Dies verdeutlicht die Notwendigkeit, sich aktiv mit den Veränderungen auseinanderzusetzen und sich an die neuen Gegebenheiten anzupassen.

Die Digitalisierung führt nicht nur zur Automatisierung von Prozessen, sondern auch zu einer Flexibilisierung der Arbeitsmodelle. Immer mehr Unternehmen setzen auf Remote-Arbeit und hybride Arbeitsformen, die es den Mitarbeitenden ermöglichen, ihre Arbeitszeiten und -orte selbst zu wählen. Eine Umfrage von Gartner aus dem Jahr 2024 ergab, dass 74 % der Unternehmen planen, dauerhaft flexible Arbeitsmodelle anzubieten. Diese Veränderungen bieten zwar Chancen für eine bessere Work-Life-Balance, stellen jedoch auch neue Anforderungen an die Selbstorganisation und das Zeitmanagement der Mitarbeitenden.

Ein weiterer Aspekt des digitalen Wandels ist die wachsende Bedeutung von Daten und Künstlicher Intelligenz (KI) in der Arbeitswelt. Unternehmen nutzen KI, um Prozesse zu optimieren, Entscheidungen zu treffen und personalisierte Dienstleistungen anzubieten. Laut einer Studie von PwC aus dem Jahr 2023 könnten KI-Technologien bis 2030 weltweit bis zu 15,7 Billionen US-Dollar zur globalen Wirtschaft beitragen. Dies zeigt, dass die Integration von KI nicht nur eine technologische Herausforderung darstellt, sondern auch eine wirtschaftliche Chance für Unternehmen und Individuen bietet, die bereit sind, sich weiterzubilden und neue Fähigkeiten zu erwerben.

Die Auswirkungen der Digitalisierung beschränken sich jedoch nicht nur auf den wirtschaftlichen Bereich. Sie beeinflussen auch die sozialen und kulturellen Aspekte unseres Lebens. Soziale Medien und digitale Plattformen ermöglichen es Menschen, Inhalte zu erstellen und zu teilen, was zu einer Demokratisierung der Informationsverbreitung führt. Gleichzeitig entstehen neue Formen der Monetarisierung persönlicher Inhalte, die insbesondere für kreative Köpfe von Bedeutung sind. Laut einer Umfrage von Statista aus dem Jahr 2024 gaben 63 % der Befragten an, dass sie durch soziale Medien ein zusätzliches Einkommen generieren möchten. Diese Entwicklung zeigt, dass die Digitalisierung nicht nur neue Einkommensquellen schafft, sondern auch die Art und Weise, wie wir unsere Talente und Fähigkeiten präsentieren, grundlegend verändert.

In den kommenden Abschnitten dieses Kapitels werden wir uns eingehender mit den Chancen und Herausforderungen der digitalen Arbeitswelt auseinandersetzen. Wir werden untersuchen, wie Unternehmen und Individuen die Vorteile der Digitalisierung nutzen können, um ihre Einkommensquellen zu erweitern und sich gleichzeitig den Herausforderungen der neuen Arbeitsrealitäten zu stellen. Dabei werden wir auch die Rolle von Künstlicher Intelligenz, sozialen Medien und anderen digitalen Tools beleuchten, die es ermöglichen, ein stabiles Nebeneinkommen zu generieren.

Zusammenfassend lässt sich sagen, dass der Wandel durch Digitalisierung nicht nur eine technische Revolution darstellt, sondern auch eine tiefgreifende gesellschaftliche Transformation in Gang setzt. Indem wir die historischen Entwicklungen und aktuellen Trends analysieren, können wir besser verstehen, wie wir uns in dieser dynamischen Umgebung zurechtfinden und welche Strategien uns helfen, die neuen Möglichkeiten zu nutzen. Die digitale Arbeitswelt bietet nicht nur Herausforderungen, sondern auch Chancen, die es zu ergreifen gilt. Lassen Sie uns gemeinsam diesen Weg erkunden und herausfinden, wie wir die digitale Transformation zu unserem Vorteil nutzen können.

## 1.2 Chancen und Herausforderungen

Die digitale Transformation hat unsere Arbeitsweise und die Art, wie wir Einkommen generieren, grundlegend revolutioniert. Nachdem im vorherigen Abschnitt die grundlegenden Trends der Digitalisierung beleuchtet wurden, widmen wir uns nun den spezifischen Chancen und Herausforderungen, die aus diesen Veränderungen hervorgehen. Digitale Nebenjobs bieten vielfältige Möglichkeiten, bringen jedoch auch erhebliche Herausforderungen mit sich, die es zu bewältigen gilt.

Eine der größten Chancen der digitalen Welt liegt in der Erschließung neuer Einkommensquellen. Laut einer Studie von Statista aus dem Jahr 2023 nutzen bereits über 30% der Deutschen digitale Plattformen, um nebenbei Geld zu verdienen. Diese Zahl verdeutlicht, dass immer mehr Menschen die Vorteile von Online-Arbeit erkennen. Besonders Künstliche Intelligenz (KI) spielt in diesem Kontext eine entscheidende Rolle. Sie ermöglicht die Automatisierung von Aufgaben und die Optimierung von Prozessen, was nicht nur Zeit spart, sondern auch die Effizienz steigert. Ein Beispiel hierfür ist der Einsatz von KI-gestützten Tools zur Erstellung von Inhalten oder zur Datenanalyse, die Freelancern helfen, ihre Dienstleistungen schneller und präziser anzubieten.

Doch während diese Technologien neue Möglichkeiten eröffnen, bringen sie auch Herausforderungen mit sich. Eine der größten Hürden ist die Notwendigkeit, sich kontinuierlich weiterzubilden und anzupassen. Die rasante Entwicklung von Technologien bedeutet, dass Fähigkeiten, die heute gefragt sind, morgen möglicherweise obsolet sein können. Laut einer Umfrage des Weltwirtschaftsforums aus dem Jahr 2024 müssen bis 2027 etwa 44% der Arbeitnehmer weltweit umgeschult werden, um den Anforderungen des digitalen Marktes gerecht zu werden. Dies erfordert nicht nur Zeit und Ressourcen, sondern auch eine proaktive Haltung gegenüber lebenslangem Lernen.

Ein weiterer Aspekt, der sowohl Chancen als auch Herausforderungen mit sich bringt, ist die Rolle der sozialen Medien. Plattformen wie Instagram, TikTok und YouTube bieten kreativen Köpfen die Möglichkeit, ihre Inhalte zu monetarisieren und ein breites Publikum zu erreichen. Die Monetarisierung persönlicher Inhalte hat sich zu einem lukrativen Geschäft entwickelt, wobei Influencer und Content Creator zunehmend als ernstzunehmende Akteure im Marketing angesehen werden. Laut einer Studie von HubSpot aus dem Jahr 2023 geben 70% der Marketingexperten an, dass Influencer-Marketing eine der effektivsten Strategien zur Steigerung der Markenbekanntheit ist.

Allerdings ist der Wettbewerb auf diesen Plattformen enorm. Um erfolgreich zu sein, müssen Nutzer nicht nur qualitativ hochwertige Inhalte erstellen, sondern auch verstehen, wie sie sich von der Masse abheben können. Dies erfordert ein tiefes Verständnis für Algorithmen, Trends und Zielgruppen. Zudem besteht die Unsicherheit, die mit der Monetarisierung von Inhalten verbunden ist. Viele Content Creator berichten von unregelmäßigen Einkünften und der ständigen Angst, dass ihre Reichweite plötzlich sinkt oder sich die Plattformrichtlinien ändern.

Darüber hinaus gibt es rechtliche Herausforderungen, die im digitalen Raum oft übersehen werden. Urheberrechtliche Fragen, Datenschutzbestimmungen und steuerliche Verpflichtungen sind Themen, die für viele Neueinsteiger in die digitale Arbeitswelt komplex und verwirrend sein können. Laut einer Umfrage von Deloitte aus dem Jahr 2024 sind 60% der kleinen Unternehmen unsicher über ihre steuerlichen Verpflichtungen im Zusammenhang mit digitalen Einnahmen. Diese Unsicherheit kann dazu führen, dass potenzielle Nebeneinkommen nicht optimal genutzt werden.

Um diese Herausforderungen zu meistern, ist es wichtig, eine strategische Herangehensweise zu entwickeln. Das bedeutet, sich nicht nur auf die Chancen zu konzentrieren, sondern auch aktiv Lösungen für die Herausforderungen zu suchen. Weiterbildung, Networking und der Austausch mit anderen in der Branche sind entscheidend, um sich einen Wettbewerbsvorteil zu verschaffen. Zudem sollten digitale Unternehmer bereit sein, sich regelmäßig über rechtliche Änderungen und Markttrends zu informieren, um fundierte Entscheidungen treffen zu können.

Insgesamt zeigt sich, dass die digitale Transformation sowohl Chancen als auch Herausforderungen mit sich bringt. Diejenigen, die bereit sind, sich anzupassen und kontinuierlich zu lernen, werden in der Lage sein, die Vorteile dieser neuen Arbeitswelt zu nutzen. Im nächsten Abschnitt werden wir uns mit der gesellschaftlichen Relevanz von Nebenjobs in der digitalen Arbeitswelt befassen und untersuchen, wie diese neuen Einkommensquellen die Lebensbedingungen der Menschen beeinflussen können.

## 1.3 Gesellschaftliche Relevanz der Nebenjobs

Die Einführung von Nebenjobs in der digitalen Arbeitswelt hat tiefgreifende gesellschaftliche Auswirkungen, die weit über die bloße Einkommensgenerierung hinausgehen. In den vorhergehenden Kapiteln haben wir die grundlegenden Veränderungen in der Arbeitswelt durch Digitalisierung und Automatisierung untersucht. Diese Entwicklungen haben nicht nur unsere Arbeitsweise revolutioniert, sondern auch die Lebensbedingungen vieler Menschen nachhaltig verändert. Digitale Nebenjobs bieten eine wertvolle Möglichkeit, finanzielle Sicherheit zu erhöhen und die Struktur des Arbeitsmarktes zu diversifizieren.

Ein zentraler Aspekt der gesellschaftlichen Relevanz von Nebenjobs ist die Steigerung der finanziellen Sicherheit. Laut einer Studie des Deutschen Instituts für Wirtschaftsforschung (DIW) aus dem Jahr 2023 gaben 40% der Befragten an, dass sie durch digitale Nebenjobs ihre finanzielle Situation erheblich verbessern konnten. Diese zusätzliche Einkommensquelle ermöglicht es vielen, unerwartete Ausgaben zu decken und ein gewisses Maß an finanzieller Unabhängigkeit zu erlangen. Besonders in Zeiten wirtschaftlicher Unsicherheit, wie während der COVID-19-Pandemie, sind solche Nebeneinkommen für viele unverzichtbar geworden.

Darüber hinaus tragen digitale Nebenjobs zur Verbesserung der Arbeitsmarktversorgung bei. Die Flexibilität, die digitale Plattformen bieten, erlaubt es Arbeitnehmern, ihre Arbeitszeiten an persönliche Bedürfnisse anzupassen. Dies ist besonders wichtig für Menschen mit familiären Verpflichtungen oder für diejenigen, die sich in einer Übergangsphase befinden, etwa nach dem Verlust eines Hauptjobs. Eine Umfrage von Statista aus dem Jahr 2024 zeigt, dass 55% der Teilzeitbeschäftigten angaben, durch digitale Nebenjobs ihre beruflichen Fähigkeiten erweitern zu können, was wiederum ihre Chancen auf dem Arbeitsmarkt erhöht.

Die gesellschaftliche Relevanz von Nebenjobs erstreckt sich auch auf die Schaffung neuer Arbeitsmodelle. Traditionelle Vollzeitstellen werden zunehmend durch flexible Arbeitsarrangements ersetzt, die es den Menschen ermöglichen, mehrere Einkommensquellen zu erschließen. Diese Entwicklung fördert nicht nur die Innovationskraft, sondern auch die Anpassungsfähigkeit der Arbeitskräfte. Ein Bericht des Weltwirtschaftsforums (WEF) aus dem Jahr 2024 prognostiziert, dass bis 2025 etwa 50% der Erwerbstätigen in irgendeiner Form von flexibler Arbeit profitieren werden. Dies stellt einen Paradigmenwechsel dar, der sowohl Chancen als auch Herausforderungen mit sich bringt.

Ein weiterer wichtiger Punkt ist die soziale Integration. Digitale Nebenjobs bieten Menschen die Möglichkeit, sich in neue Gemeinschaften einzubringen und Netzwerke aufzubauen. Insbesondere für Migranten und Menschen mit Migrationshintergrund können diese Jobs eine Brücke zur Integration in den Arbeitsmarkt darstellen. Laut einer Studie des Bundesamts für Migration und Flüchtlinge (BAMF) aus dem Jahr 2023 haben 30% der Migranten, die digitale Nebenjobs annehmen, ihre sozialen Kontakte und ihr berufliches Netzwerk erheblich erweitert.

Allerdings gibt es auch Herausforderungen, die mit der Zunahme digitaler Nebenjobs einhergehen. Die Unsicherheit bezüglich sozialer Absicherung und arbeitsrechtlicher Rahmenbedingungen bleibt ein zentrales Thema. Viele Arbeitnehmer in digitalen Nebenjobs sind nicht ausreichend gegen Risiken wie Krankheit oder Arbeitslosigkeit abgesichert. Eine Untersuchung des Instituts für Arbeitsmarkt- und Berufsforschung (IAB) aus dem Jahr 2023 zeigt, dass nur 25% der Nebenjobber in Deutschland über eine umfassende soziale Absicherung verfügen. Dies verdeutlicht die Notwendigkeit, gesetzliche Rahmenbedingungen zu schaffen, die den Schutz dieser Arbeitnehmer gewährleisten.

Zusammenfassend lässt sich sagen, dass digitale Nebenjobs eine bedeutende Rolle in der modernen Arbeitswelt spielen. Sie erhöhen nicht nur die finanzielle Sicherheit und fördern die berufliche Flexibilität, sondern tragen auch zur sozialen Integration und zur Schaffung neuer Arbeitsmodelle bei. Dennoch müssen die Herausforderungen, insbesondere im Hinblick auf soziale Absicherung und rechtliche Rahmenbedingungen, ernst genommen werden. Die kommenden Kapitel werden sich mit konkreten Strategien befassen, wie Individuen und Unternehmen diese Veränderungen proaktiv gestalten können, um die Vorteile digitaler Nebenjobs optimal zu nutzen und gleichzeitig die damit verbundenen Risiken zu minimieren.

# 2
## Künstliche Intelligenz als Einkommensquelle

### 2.1 Grundlagen der KI

Künstliche Intelligenz (KI) zählt zu den am schnellsten wachsenden Technologien unserer Zeit und hat das Potenzial, unsere Arbeits- und Lebensweise grundlegend zu verändern. In einer Ära, in der digitale Innovationen rasant voranschreiten, wird KI zunehmend als Schlüsseltechnologie betrachtet, die sowohl in der Industrie als auch im Alltag Anwendung findet. Dieses Subkapitel bietet eine umfassende Einführung in die Grundlagen der KI, einschließlich ihrer Definition, Funktionsweise und vielfältigen Anwendungen. Ziel ist es, ein solides Fundament zu schaffen, auf dem die weiteren Diskussionen in diesem Kapitel aufbauen können.

Der Begriff Künstliche Intelligenz bezieht sich auf Systeme oder Maschinen, die in der Lage sind, Aufgaben zu erledigen, die normalerweise menschliche Intelligenz erfordern. Dazu zählen Fähigkeiten wie Lernen, Problemlösung, Wahrnehmung und Sprachverstehen. Laut einer Definition des Stanford-Reports über KI aus dem Jahr 2023 wird KI als "die Fähigkeit eines Systems bezeichnet, aus Erfahrungen zu lernen, sich an neue Eingaben anzupassen und menschenähnliche Aufgaben auszuführen" (Stanford University, 2023). Diese Definition verdeutlicht, dass KI nicht statisch ist, sondern sich dynamisch weiterentwickelt.

Die Funktionsweise von KI basiert häufig auf Algorithmen, die große Datenmengen analysieren, um Muster zu erkennen und Vorhersagen zu treffen. Ein zentraler Bestandteil der KI ist das maschinelle Lernen, bei dem Computerprogramme aus Daten lernen, ohne explizit programmiert zu werden. Hierbei kommen verschiedene Techniken zum Einsatz, darunter überwachte und unüberwachte Lernmethoden. Im überwachten Lernen wird das System mit gekennzeichneten Daten trainiert, während beim unüberwachten Lernen Muster in unmarkierten Daten erkannt werden. Diese Ansätze ermöglichen es der KI, sich selbstständig zu verbessern und ihre Genauigkeit im Laufe der Zeit zu steigern.

Ein weiterer bedeutender Bereich der KI ist das tiefe Lernen, das auf künstlichen neuronalen Netzwerken basiert. Diese Netzwerke sind inspiriert von der Struktur und Funktionsweise des menschlichen Gehirns und bestehen aus mehreren Schichten von Knoten, die Informationen verarbeiten. Laut einer Studie des Massachusetts Institute of Technology (MIT) aus dem Jahr 2024 hat das tiefe Lernen in den letzten Jahren erhebliche Fortschritte gemacht, insbesondere in Bereichen wie Bild- und Spracherkennung (MIT, 2024). Diese Technologien finden Anwendung in zahlreichen Bereichen, von der medizinischen Diagnostik bis hin zur Automatisierung von Geschäftsprozessen.

Die Anwendungen von KI sind äußerst vielfältig und reichen von alltäglichen Anwendungen wie Sprachassistenten und personalisierten Empfehlungen bis hin zu komplexen Systemen, die in der Finanzbranche zur Betrugserkennung eingesetzt werden. Eine Umfrage des World Economic Forum aus dem Jahr 2023 ergab, dass 75 % der Unternehmen weltweit KI-Technologien implementieren oder planen, dies in den nächsten zwei Jahren zu tun (World Economic Forum, 2023). Dies verdeutlicht nicht nur die Relevanz von KI in der Geschäftswelt, sondern auch das Potenzial für Einzelpersonen, diese Technologien zur Schaffung von Nebeneinkommen zu nutzen.

In diesem Kapitel werden wir die verschiedenen Arten von KI näher betrachten und untersuchen, wie diese Technologien in der Praxis eingesetzt werden können, um ein stabiles Nebeneinkommen zu generieren. Zudem werden wir die Herausforderungen und Chancen beleuchten, die mit der Implementierung von KI in unterschiedlichen Geschäftsmodellen verbunden sind. Durch das Verständnis der Grundlagen der KI können wir besser nachvollziehen, wie diese Technologie genutzt werden kann, um innovative Lösungen zu entwickeln und finanzielle Möglichkeiten zu erweitern.

Zusammenfassend lässt sich sagen, dass das Verständnis der Grundlagen der Künstlichen Intelligenz nicht nur für Fachleute, sondern auch für jeden, der in der digitalen Welt erfolgreich sein möchte, von entscheidender Bedeutung ist. Die kommenden Abschnitte werden detaillierter auf KI-gestützte Geschäftsmodelle eingehen und aufzeigen, wie man diese Technologien konkret nutzen kann, um ein zusätzliches Einkommen zu erzielen. Seien Sie gespannt auf die Möglichkeiten, die sich durch die Kombination von KI und kreativen Ideen ergeben!

## 2.2 KI-gestützte Geschäftsmodelle

Nachdem wir die Grundlagen der Künstlichen Intelligenz (KI) und ihre transformative Kraft in der digitalen Arbeitswelt erörtert haben, ist es nun an der Zeit, uns mit den konkreten Anwendungen zu beschäftigen, die diese Technologie in verschiedenen Geschäftsmodellen ermöglicht. In diesem Subkapitel werden einige der erfolgreichsten KI-gestützten Geschäftsmodelle vorgestellt und aufgezeigt, wie Unternehmen und Einzelpersonen diese Technologie nutzen können, um ein stabiles Nebeneinkommen zu generieren.

Ein herausragendes Beispiel für den Einsatz von KI findet sich in der Finanzbranche. Hier haben KI-gestützte Algorithmen zur Analyse von Markttrends und zur Risikobewertung signifikante Effizienzsteigerungen ermöglicht. Laut einer Studie von Deloitte aus dem Jahr 2023 haben bereits 70% der Finanzinstitute KI-Technologien integriert, um ihre Entscheidungsprozesse zu optimieren. Diese Technologien ermöglichen nicht nur präzisere Vorhersagen, sondern auch die Bereitstellung personalisierter Finanzdienstleistungen. Ein konkretes Beispiel sind Robo-Advisors, die mithilfe von KI individuelle Anlagestrategien entwickeln und gleichzeitig Kosten senken. Diese Entwicklung hat nicht nur die Art und Weise revolutioniert, wie Investitionen getätigt werden, sondern bietet auch Einzelpersonen die Möglichkeit, durch Beratungsdienste in diesem Bereich ein zusätzliches Einkommen zu erzielen.

Im Gesundheitswesen zeigt sich ein ähnliches Bild. KI wird zunehmend eingesetzt, um Diagnosen zu verbessern und Behandlungspläne zu optimieren. Eine aktuelle Untersuchung des Massachusetts Institute of Technology (MIT) aus dem Jahr 2024 hat ergeben, dass KI-gestützte Systeme in der Lage sind, bestimmte Krankheiten mit einer Genauigkeit von bis zu 95% zu diagnostizieren. Dies eröffnet nicht nur neue Perspektiven für medizinische Fachkräfte, sondern auch für Unternehmer, die innovative Gesundheitslösungen entwickeln möchten. Telemedizin-Plattformen, die KI zur Patientenüberwachung und zur Bereitstellung von Gesundheitsinformationen nutzen, sind ein Beispiel dafür, wie diese Technologie monetarisiert werden kann. Durch die Schaffung solcher Plattformen können Einzelpersonen oder kleine Unternehmen ein profitables Geschäftsmodell aufbauen, das sowohl den Bedürfnissen der Patienten als auch den Anforderungen des Marktes gerecht wird.

Ein weiterer Bereich, in dem KI eine entscheidende Rolle spielt, ist das Marketing. Die Fähigkeit von KI, große Datenmengen zu analysieren und Muster im Verbraucherverhalten zu erkennen, hat die Marketingstrategien revolutioniert. Laut einer Umfrage von HubSpot aus dem Jahr 2023 setzen bereits 65% der Marketingabteilungen KI-Tools zur Automatisierung von Kampagnen und zur Verbesserung der Zielgruppenansprache ein. Unternehmen können durch den Einsatz von KI-gestützten Analysetools nicht nur ihre Marketingausgaben optimieren, sondern auch ihre Conversion-Raten erheblich steigern. Für Einzelpersonen bedeutet dies, dass sie durch das Anbieten von KI-gestützten Marketingdienstleistungen, wie der Erstellung maßgeschneiderter Werbekampagnen, ein zusätzliches Einkommen generieren können.

Die Anwendung von KI in diesen Bereichen verdeutlicht, dass die Technologie nicht nur als Werkzeug zur Effizienzsteigerung dient, sondern auch als Katalysator für neue Geschäftsmodelle fungiert. Die Integration von KI in bestehende Strukturen eröffnet Unternehmen neue Einnahmequellen und bietet Einzelpersonen die Chance, ihre Fähigkeiten in einem sich schnell verändernden Markt zu monetarisieren. Es ist wichtig, dass Leser verstehen, wie sie ihre eigenen Fähigkeiten und Kenntnisse in diese neuen Geschäftsmodelle einbringen können, um von den Vorteilen der KI zu profitieren.

In den kommenden Abschnitten werden wir uns mit spezifischen Tools und Plattformen befassen, die es ermöglichen, mit KI ein Nebeneinkommen zu verdienen. Diese Ressourcen sind entscheidend, um die zuvor diskutierten Konzepte in die Praxis umzusetzen und den Lesern zu helfen, ihre eigenen Strategien zur Einkommensgenerierung zu entwickeln. Die zentrale Frage lautet: Welche Tools stehen zur Verfügung, und wie können sie effektiv genutzt werden, um ein stabiles Nebeneinkommen zu erzielen? Lassen Sie uns diese Aspekte im nächsten Subkapitel näher betrachten.

## 2.3 Tools zur Einkommensgenerierung

In den vorhergehenden Abschnitten haben wir die vielseitigen Möglichkeiten untersucht, wie Künstliche Intelligenz (KI) in unterschiedlichen Geschäftsmodellen eingesetzt werden kann, um ein stabiles Nebeneinkommen zu generieren. Dabei wurde deutlich, dass KI nicht nur die Effizienz steigert, sondern auch neue Einkommensquellen erschließt. In diesem Subkapitel richten wir unseren Fokus auf die praktischen Werkzeuge und Plattformen, die es ermöglichen, diese Technologien effektiv zu nutzen. Besonders beleuchten wir Anwendungen in der Finanzbranche, im Gesundheitswesen und im Marketing.

Die Wahl der richtigen Tools ist entscheidend für den Erfolg im digitalen Nebeneinkommen. Eine Vielzahl von Plattformen bietet mittlerweile spezialisierte Funktionen, die es Nutzern ermöglichen, ihre Fähigkeiten optimal einzusetzen. Im Finanzsektor sind beispielsweise Algorithmen zur Datenanalyse und zur Prognose von Börsentrends weit verbreitet. Tools wie Morningstar und TradingView liefern umfassende Analysen und Visualisierungen, die Anlegern helfen, fundierte Entscheidungen zu treffen. Laut einer Studie von Statista (2023) wird der globale Markt für Fintech-Lösungen bis 2025 voraussichtlich 300 Milliarden Euro erreichen, was die Relevanz dieser Tools unterstreicht.

Im Gesundheitswesen zeigt sich das Potenzial von KI-gestützten Tools besonders eindrucksvoll. Anwendungen wie IBM Watson Health nutzen maschinelles Lernen, um medizinische Daten zu analysieren und personalisierte Behandlungspläne zu erstellen. Diese Technologien verbessern nicht nur die Patientenversorgung, sondern bieten auch Fachleuten im Gesundheitswesen die Möglichkeit, ihre Dienstleistungen zu monetarisieren. Eine Umfrage von McKinsey (2024) ergab, dass 75% der Gesundheitsdienstleister planen, KI in ihren Arbeitsabläufen zu integrieren, was die Nachfrage nach solchen Tools weiter anheizt.

Im Marketingbereich sind KI-Tools unerlässlich geworden, um Zielgruppen präzise anzusprechen und Kampagnen zu optimieren. Plattformen wie HubSpot und Adobe Marketing Cloud bieten leistungsstarke Analysen und Automatisierungsfunktionen, die es Unternehmen ermöglichen, ihre Marketingstrategien zu verfeinern. Laut einer aktuellen Studie von Gartner (2023) planen 75% der Marketingverantwortlichen, ihre Investitionen in KI-gestützte Lösungen zu erhöhen, um wettbewerbsfähig zu bleiben.

Die Integration dieser Tools in den Arbeitsalltag erfordert jedoch eine strategische Herangehensweise. Nutzer sollten sich zunächst mit den spezifischen Funktionen und Vorteilen der jeweiligen Plattformen vertraut machen. Ein effektiver Einstieg könnte durch Online-Kurse oder Webinare erfolgen, die viele Anbieter kostenlos oder zu geringen Kosten anbieten. Diese Bildungsressourcen sind entscheidend, um das volle Potenzial der Tools auszuschöpfen und die eigene Wettbewerbsfähigkeit zu steigern.

Ein weiterer wichtiger Aspekt ist die kontinuierliche Anpassung an technologische Entwicklungen. Die digitale Landschaft verändert sich rasant, und was heute als führendes Tool gilt, könnte morgen bereits überholt sein. Daher ist es unerlässlich, regelmäßig Fortbildungen zu besuchen und sich über aktuelle Trends und Innovationen zu informieren. Eine Umfrage von PwC (2024) zeigt, dass Unternehmen, die in die Weiterbildung ihrer Mitarbeiter investieren, eine um 30% höhere Produktivität aufweisen.

Zusammenfassend lässt sich sagen, dass die Wahl der richtigen Tools zur Einkommensgenerierung entscheidend für den Erfolg im digitalen Zeitalter ist. Die vorgestellten Plattformen und Anwendungen bieten nicht nur die Möglichkeit, bestehende Fähigkeiten zu monetarisieren, sondern eröffnen auch neue Perspektiven für die persönliche und berufliche Entwicklung. Im nächsten Kapitel werden wir uns eingehender mit der Rolle von YouTube als Plattform für Nebeneinkommen beschäftigen und untersuchen, wie kreative Inhalte monetarisiert werden können.

# 3
# YouTube als Plattform für Nebeneinkommen

## 3.1 Erstellung von Inhalten

In der heutigen digitalen Ära ist die Erstellung von Inhalten der erste und entscheidende Schritt zur Einkommensgenerierung auf Plattformen wie YouTube. Die Fähigkeit, qualitativ hochwertige Inhalte zu produzieren, stellt nicht nur eine kreative Herausforderung dar, sondern ist auch eine wirtschaftliche Notwendigkeit. Laut einer Studie von Statista aus dem Jahr 2023 nutzen über 2 Milliarden Menschen weltweit YouTube, was die Plattform zu einem der größten Märkte für digitale Inhalte macht. Diese beeindruckende Zahl verdeutlicht das enorme Potenzial, das in der Inhaltserstellung steckt.

Die Grundlagen der Inhalterstellung umfassen mehrere Schlüsselkomponenten, die es den Erstellern ermöglichen, ihre Zielgruppe effektiv zu erreichen und zu engagieren. Zunächst ist es wichtig, die verschiedenen Arten von Inhalten zu verstehen, die auf YouTube erfolgreich sein können. Dazu zählen unter anderem Tutorien, Vlogs und Produktbewertungen. Jeder dieser Content-Typen bringt spezifische Merkmale und Anforderungen mit sich, die es zu berücksichtigen gilt.

Tutorien erfreuen sich besonderer Beliebtheit, da sie den Zuschauern wertvolle Informationen und Fähigkeiten vermitteln. Sie sind häufig strukturiert und folgen einem klaren Lehrplan. Ein Beispiel hierfür wäre ein Kochkanal, der Schritt-für-Schritt-Anleitungen für verschiedene Rezepte bietet. Solche Inhalte erfordern nicht nur Fachwissen, sondern auch die Fähigkeit, komplexe Informationen verständlich zu präsentieren. Laut einer Umfrage des Pew Research Centers aus dem Jahr 2024 geben 70 % der Nutzer an, dass sie YouTube hauptsächlich nutzen, um neue Fähigkeiten zu erlernen.

Vlogs hingegen bieten einen persönlicheren Zugang. Sie ermöglichen es den Zuschauern, Einblicke in das Leben des Erstellers zu gewinnen. Diese Art von Inhalten fördert eine tiefere Verbindung zwischen dem Ersteller und dem Publikum. Ein erfolgreicher Vlogger könnte beispielsweise seine täglichen Aktivitäten dokumentieren und dabei authentische Einblicke in seine Erfahrungen geben. Authentizität und Persönlichkeit sind hier entscheidend, da Zuschauer oft eine emotionale Bindung zu den Erstellern aufbauen.

Produktbewertungen stellen eine weitere wichtige Kategorie dar, die sowohl für Ersteller als auch für Unternehmen von Vorteil ist. Diese Inhalte helfen den Zuschauern, informierte Kaufentscheidungen zu treffen. Laut einer Studie von Nielsen aus dem Jahr 2023 vertrauen 83 % der Verbraucher Online-Bewertungen ebenso sehr wie persönlichen Empfehlungen. Dies zeigt, wie mächtig und einflussreich Produktbewertungen auf YouTube sein können. Ersteller, die in der Lage sind, ehrliche und detaillierte Bewertungen zu liefern, können nicht nur ihre Zuschauerzahl erhöhen, sondern auch Partnerschaften mit Marken eingehen, die ihre Produkte bewerben möchten.

Um qualitativ hochwertige Inhalte zu erstellen, sind jedoch nicht nur Kreativität und Fachwissen erforderlich. Technische Fähigkeiten spielen ebenfalls eine wesentliche Rolle. Der Einsatz geeigneter Aufnahmegeräte, Bearbeitungssoftware und Kenntnisse über SEO (Suchmaschinenoptimierung) sind entscheidend, um die Sichtbarkeit der Inhalte zu maximieren. Eine aktuelle Umfrage von HubSpot aus dem Jahr 2024 zeigt, dass 61 % der Vermarkter der Meinung sind, dass Video-Inhalte die höchste Rendite (ROI) bieten, was die Notwendigkeit unterstreicht, in die Qualität der Inhalte zu investieren.

Zusätzlich zur technischen Ausrüstung ist es wichtig, die Zielgruppe genau zu kennen. Wer sind die Zuschauer? Was sind ihre Interessen und Bedürfnisse? Diese Fragen sollten bei der Planung und Erstellung von Inhalten stets im Vordergrund stehen. Eine gründliche Analyse der Zielgruppe kann helfen, Inhalte zu entwickeln, die nicht nur ansprechend, sondern auch relevant sind. Tools wie Google Analytics oder YouTube Analytics bieten wertvolle Einblicke in das Verhalten und die Vorlieben der Zuschauer.

Zusammenfassend lässt sich sagen, dass die Erstellung von Inhalten auf YouTube ein vielschichtiger Prozess ist, der sowohl kreative als auch technische Fähigkeiten erfordert. Die verschiedenen Arten von Inhalten, wie Tutorien, Vlogs und Produktbewertungen, bieten zahlreiche Möglichkeiten, um eine engagierte Zuschauerschaft aufzubauen und monetäre Erfolge zu erzielen. Im nächsten Subkapitel werden wir uns mit den Monetarisierungsstrategien befassen, die es ermöglichen, die erstellten Inhalte in ein stabiles Einkommen umzuwandeln. Dabei werden wir untersuchen, wie man die verschiedenen Monetarisierungsoptionen effektiv nutzen kann, um die finanziellen Möglichkeiten weiter auszubauen.

## 3.2 Monetarisierungsstrategien

YouTube hat sich als eine der führenden Plattformen zur Monetarisierung digitaler Inhalte etabliert. In der vorherigen Diskussion über die Erstellung von Inhalten haben wir die wesentlichen Grundlagen erörtert, die für den Erfolg auf dieser Plattform entscheidend sind. Jetzt möchten wir uns eingehender mit den verschiedenen Monetarisierungsstrategien befassen, die Content-Erstellern helfen, ihre Inhalte in ein stabiles Nebeneinkommen zu verwandeln.

Die Monetarisierung auf YouTube erfolgt über mehrere Hauptwege: Werbung, Abonnements, Merchandise-Verkäufe und Sponsoring. Jeder dieser Ansätze bringt eigene Vorteile und Herausforderungen mit sich, die es zu verstehen gilt, um erfolgreich zu sein.

Ein zentraler Bestandteil der Monetarisierung ist das YouTube-Partnerprogramm, das Creators die Möglichkeit bietet, durch Werbeeinnahmen Geld zu verdienen. Um an diesem Programm teilzunehmen, müssen bestimmte Voraussetzungen erfüllt werden, darunter mindestens 1.000 Abonnenten und 4.000 Stunden Wiedergabezeit innerhalb der letzten 12 Monate. Laut einer Studie von Statista aus dem Jahr 2023 verdienen YouTuber im Durchschnitt zwischen 0,01 und 0,03 Euro pro Klick auf ihre Anzeigen, wobei diese Beträge je nach Nische und Zielgruppe stark variieren können.

Ein weiteres wichtiges Element ist das Abonnementsystem, das Zuschauern ermöglicht, monatliche Zahlungen zu leisten, um exklusive Inhalte oder Vorteile zu erhalten. Besonders in kreativen Bereichen wie Fitness und Kochen hat sich dieses Modell bewährt, da Trainer und Köche ihren Abonnenten maßgeschneiderte Inhalte anbieten können. Eine Umfrage von YouTube aus dem Jahr 2024 zeigt, dass 70% der Abonnenten bereit sind, für exklusive Inhalte zu zahlen, wenn sie einen echten Mehrwert darin sehen.

Darüber hinaus können Creator Merchandise verkaufen, um ihre Marke weiter zu monetarisieren. Dies reicht von T-Shirts bis hin zu spezialisierten Produkten, die direkt mit dem Inhalt des Kanals verbunden sind. Ein Beispiel ist der Fitness-YouTuber Chris Heria, der nicht nur Trainingsvideos anbietet, sondern auch eine eigene Linie von Fitnessgeräten und Bekleidung vertreibt. Laut einer Analyse von eMarketer aus dem Jahr 2023 berichten 45% der YouTuber, die Merchandise verkaufen, dass dies eine signifikante Einnahmequelle für sie darstellt.

Sponsoring stellt eine weitere lukrative Möglichkeit dar, die Monetarisierung auf YouTube zu steigern. Unternehmen sind oft bereit, für die Promotion ihrer Produkte oder Dienstleistungen in Videos zu zahlen, insbesondere wenn der Creator eine engagierte und relevante Zielgruppe hat. Laut einer Umfrage von Influencer Marketing Hub aus dem Jahr 2024 gaben 65% der befragten YouTuber an, dass sie mindestens einmal im Jahr gesponserte Inhalte erstellen, wobei die durchschnittlichen Einnahmen aus Sponsoring bei etwa 5.000 Euro pro Video liegen.

Um diese Monetarisierungsstrategien effektiv umzusetzen, ist es entscheidend, eine klare Markenidentität zu entwickeln und eine treue Community aufzubauen. Die Interaktion mit den Zuschauern durch Kommentare, Umfragen und Live-Streams kann dazu beitragen, das Engagement zu erhöhen und die Zuschauerbindung zu stärken. Ein hohes Maß an Engagement führt oft zu höheren Einnahmen, da engagierte Zuschauer eher bereit sind, für Inhalte zu bezahlen oder Produkte zu kaufen.

Zusammenfassend lässt sich sagen, dass die Monetarisierung auf YouTube vielfältige Möglichkeiten bietet, die jedoch eine strategische Herangehensweise erfordern. Die Wahl der richtigen Monetarisierungsstrategie hängt von der Nische, der Zielgruppe und den individuellen Zielen des Creators ab. Im nächsten Abschnitt werden wir uns mit dem Community-Engagement und dem Wachstum auf YouTube beschäftigen, um zu verstehen, wie diese Faktoren die Monetarisierung weiter unterstützen können. Welche Strategien können angewendet werden, um die Community aktiv einzubeziehen und das Wachstum des Kanals zu fördern? Diese Fragen werden wir im folgenden Kapitel klären.

## 3.3 Community-Engagement und Wachstum

Das Engagement mit der Community ist ein entscheidender Faktor für den Erfolg auf YouTube. In den vorhergehenden Subkapiteln haben wir die Grundlagen der Inhaltserstellung sowie verschiedene Monetarisierungsstrategien behandelt. Jetzt wollen wir die Bedeutung des Community-Engagements näher beleuchten und aufzeigen, wie es nicht nur die Zuschauerbindung stärkt, sondern auch das Wachstum des Kanals fördert.

Aktives Community-Engagement kann in vielen Formen stattfinden, darunter Kommentare, Umfragen, Live-Streams und soziale Medien. Diese Interaktionen ermöglichen es Content-Erstellern, eine Beziehung zu ihren Zuschauern aufzubauen, was für die langfristige Loyalität von entscheidender Bedeutung ist. Laut einer Studie von Statista (2023) zeigen Kanäle, die regelmäßig mit ihrer Community interagieren, eine um 30% höhere Zuschauerbindung im Vergleich zu solchen, die dies nicht tun.

Ein Beispiel aus dem Fitnessbereich verdeutlicht, wie Community-Engagement konkret umgesetzt werden kann. Viele Fitness-YouTuber nutzen Plattformen wie Instagram oder TikTok, um ihre Zuschauer zu motivieren und ihnen die Möglichkeit zu geben, ihre Fortschritte zu teilen. Dies schafft nicht nur eine unterstützende Umgebung, sondern fördert auch den Austausch unter den Zuschauern. Eine solche Strategie kann die Reichweite des Kanals erheblich steigern, da Zuschauer, die sich aktiv engagieren, eher bereit sind, Inhalte zu teilen und somit neue Zuschauer zu gewinnen.

Ähnliche Trends sind im Kochbereich zu beobachten. YouTuber, die ihre Zuschauer aktiv in die Rezeptentwicklung einbeziehen, indem sie Umfragen durchführen oder Vorschläge annehmen, erleben oft signifikantes Wachstum. Ein Beispiel hierfür ist der Kanal "Tasty", der regelmäßig seine Community nach neuen Rezeptideen fragt. Dies hat nicht nur die Zuschauerbindung erhöht, sondern auch dazu geführt, dass die Zuschauer sich stärker mit dem Kanal identifizieren und ihn in ihrem sozialen Umfeld empfehlen.

Im Unterhaltungssektor spielt Community-Engagement ebenfalls eine große Rolle. YouTuber, die regelmäßig Live-Streams veranstalten, können direkt mit ihren Zuschauern interagieren und deren Fragen in Echtzeit beantworten. Diese Form der Interaktion fördert nicht nur die Zuschauerbindung, sondern bietet auch wertvolle Einblicke in die Interessen und Vorlieben der Community. Laut einer Umfrage von Hootsuite (2024) geben 70% der Zuschauer an, dass sie sich stärker mit einem Kanal verbunden fühlen, wenn sie die Möglichkeit haben, live Fragen zu stellen.

Die Integration von Community-Feedback in die Inhaltserstellung ist ein weiterer wichtiger Aspekt. Content-Ersteller sollten regelmäßig die Meinungen ihrer Zuschauer einholen und diese in ihre zukünftigen Videos einfließen lassen. Dies kann durch einfache Umfragen oder die Analyse von Kommentaren geschehen. Eine solche Vorgehensweise zeigt den Zuschauern, dass ihre Meinungen geschätzt werden, was die Bindung an den Kanal weiter verstärkt.

Ein weiterer Trend ist die Nutzung von Discord-Servern oder ähnlichen Plattformen, um eine engere Community zu schaffen. Diese Plattformen ermöglichen es Content-Erstellern, einen Raum zu schaffen, in dem ihre Zuschauer sich austauschen und miteinander interagieren können. Solche Communities fördern nicht nur den Austausch, sondern bieten auch eine Plattform für Diskussionen über Inhalte, die in Videos behandelt werden. Laut einer Umfrage des Digital Marketing Institute (2023) nutzen bereits 40% der Marken Discord, um mit ihrer Community in Kontakt zu treten.

Zusammenfassend lässt sich sagen, dass Community-Engagement auf YouTube nicht nur eine Option, sondern eine Notwendigkeit ist, um erfolgreich zu sein. Die Interaktion mit der Community fördert nicht nur die Zuschauerbindung, sondern trägt auch maßgeblich zum Wachstum des Kanals bei. Die in diesem Subkapitel vorgestellten Strategien bieten einen klaren Rahmen, um das Engagement zu maximieren und die eigene Marke nachhaltig zu stärken. Im nächsten Kapitel werden wir uns mit den Möglichkeiten der Monetarisierung über soziale Medien beschäftigen und untersuchen, wie diese Plattformen zur Einkommensgenerierung genutzt werden können.

# 4
# Social Media und Monetarisierung

## 4.1 Plattformen im Überblick

In der heutigen digitalen Welt stehen zahlreiche Social Media-Plattformen zur Verfügung, die nicht nur der Kommunikation und dem Austausch von Inhalten dienen, sondern auch attraktive Möglichkeiten zur Einkommensgenerierung bieten. Diese Plattformen sind zu einem zentralen Bestandteil des modernen Arbeitsmarktes geworden und eröffnen Menschen aus unterschiedlichen Lebensbereichen die Chance, ein zusätzliches Einkommen zu erzielen. Ob Studierende, Berufstätige oder Rentner – die Optionen sind vielfältig und oft leicht zugänglich.

Die Bedeutung dieser Plattformen ist enorm. Laut einer Studie von Statista aus dem Jahr 2023 nutzen weltweit über 4,9 Milliarden Menschen soziale Medien, was etwa 60 Prozent der globalen Bevölkerung entspricht. Diese beeindruckende Reichweite schafft zahlreiche Gelegenheiten für kreative Köpfe, ihre Talente zu monetarisieren. In diesem Abschnitt werfen wir einen Blick auf die wichtigsten Social Media-Plattformen, die sich als besonders effektiv für die Einkommensgenerierung erwiesen haben, und erläutern, wie man diese in der Praxis nutzen kann.

Zu den bekanntesten Plattformen zählen Instagram, TikTok, YouTube und Facebook. Jede dieser Plattformen hat ihre eigenen Merkmale und Zielgruppen, die es zu berücksichtigen gilt. Instagram ist beispielsweise für seine visuelle Ästhetik bekannt und zieht vor allem jüngere Nutzer an. Hier können Influencer durch gesponserte Beiträge, Affiliate-Marketing und den Verkauf eigener Produkte ein Einkommen generieren. TikTok hingegen hat sich als Plattform für kurze, unterhaltsame Videos etabliert und ermöglicht es Kreativen, durch virale Inhalte schnell eine große Anhängerschaft aufzubauen, was zu Partnerschaften mit Marken und monetarisierten Inhalten führen kann.

YouTube bleibt eine der größten Plattformen für Video-Inhalte und bietet eine Vielzahl von Monetarisierungsoptionen, darunter Werbung, Abonnements und Merchandise-Verkäufe. Die Möglichkeit, durch qualitativ hochwertige Inhalte ein Publikum aufzubauen, hat vielen Menschen geholfen, ein stabiles Nebeneinkommen zu erzielen. Facebook, mit seiner breiten Nutzerbasis, erlaubt es den Nutzern, Gruppen zu gründen und Produkte zu verkaufen, während gleichzeitig Werbeeinnahmen durch gezielte Anzeigen generiert werden können.

Die Nutzung dieser Plattformen erfordert jedoch mehr als nur Kreativität. Es ist entscheidend, strategisch vorzugehen und die eigenen Inhalte so zu gestalten, dass sie die Zielgruppe ansprechen. Eine Analyse der aktuellen Trends sowie das Verständnis der Algorithmen, die das Sichtbarkeitsranking beeinflussen, sind unerlässlich. Eine Umfrage von Hootsuite aus dem Jahr 2023 zeigt, dass Inhalte, die auf aktuelle Trends reagieren, bis zu 50 Prozent mehr Engagement erzeugen können. Daher ist es ratsam, regelmäßig zu recherchieren und sich über die neuesten Entwicklungen in der Social Media-Welt auf dem Laufenden zu halten.

Ein weiterer wichtiger Aspekt ist die Diversifizierung der Einkommensquellen. Viele erfolgreiche Content Creator nutzen mehrere Plattformen gleichzeitig, um ihre Reichweite zu maximieren und verschiedene Einkommensströme zu erschließen. Beispielsweise könnte jemand, der auf YouTube aktiv ist, auch Instagram verwenden, um seine Videos zu bewerben und zusätzliche Follower zu gewinnen. Diese Cross-Promotion kann die Sichtbarkeit erhöhen und die Chancen auf monetäre Erfolge steigern.

In den kommenden Abschnitten dieses Kapitels werden wir uns eingehender mit spezifischen Strategien zur Reichweitensteigerung auf diesen Plattformen befassen. Wir werden untersuchen, wie man durch gezielte Marketingmaßnahmen und die richtige Ansprache der Zielgruppe die eigene Sichtbarkeit erhöhen kann. Zudem werden wir die Rolle von Trends und Hashtags beleuchten, die entscheidend dafür sind, dass Inhalte viral gehen und ein breiteres Publikum erreichen.

Zusammenfassend lässt sich sagen, dass die Möglichkeiten zur Einkommensgenerierung über Social Media-Plattformen enorm sind. Mit der richtigen Strategie und einem klaren Verständnis der Plattformen können Nutzer nicht nur ihre kreativen Fähigkeiten ausleben, sondern auch ein stabiles Nebeneinkommen aufbauen. Die nächsten Abschnitte werden Ihnen helfen, diese Strategien zu entwickeln und anzuwenden, um Ihre Ziele im digitalen Raum zu erreichen.

## 4.2 Strategien zur Reichweitensteigerung

Die Reichweite auf Social Media ist ein entscheidender Faktor für den Erfolg in der digitalen Welt. Angesichts der Fülle an Inhalten, die täglich erstellt werden, ist es unerlässlich, Strategien zu entwickeln, die sowohl die Sichtbarkeit erhöhen als auch das Engagement der Zielgruppe fördern. Diese Ansätze sind nicht nur für Influencer oder Content Creator von Bedeutung, sondern auch für Unternehmen und Einzelpersonen, die ihre Marke stärken und zusätzliche Einkommensquellen erschließen möchten.

Ein zentraler Aspekt der Reichweitensteigerung ist die Qualität der Inhalte. Hochwertige, relevante und ansprechende Inhalte ziehen nicht nur die Aufmerksamkeit der Nutzer an, sondern fördern auch deren Interaktion. Eine Studie von HubSpot aus dem Jahr 2023, die 1.500 Marketingexperten befragte, ergab, dass 70 % der Befragten qualitativ hochwertige Inhalte als den wichtigsten Faktor für die Steigerung der Reichweite betrachten (HubSpot, 2023). Dies verdeutlicht, dass es nicht nur darum geht, Inhalte zu produzieren, sondern sicherzustellen, dass diese für die Zielgruppe von echtem Wert sind.

Ein weiterer wesentlicher Faktor ist die Konsistenz. Regelmäßige Beiträge halten das Publikum engagiert und stärken die Markenbindung. Eine Analyse von Sprout Social aus dem Jahr 2024 zeigt, dass Marken, die mindestens dreimal pro Woche posten, eine um 50 % höhere Engagement-Rate aufweisen als solche, die seltener aktiv sind (Sprout Social, 2024). Auch die Planung und das Timing der Beiträge sind entscheidend. Tools wie Buffer oder Hootsuite ermöglichen es, Inhalte im Voraus zu planen und zu optimieren, um die besten Zeiten für die Veröffentlichung zu nutzen.

Zusätzlich zur Inhaltsqualität und Konsistenz spielt die Interaktion mit der Community eine zentrale Rolle. Aktive Teilnahme an Diskussionen, das Beantworten von Kommentaren und das Einbeziehen von Nutzern in Umfragen oder Fragen fördern nicht nur das Engagement, sondern stärken auch die Beziehung zur Zielgruppe. Eine Umfrage von Nielsen aus dem Jahr 2023 zeigt, dass 78 % der Nutzer eher mit Marken interagieren, die auf ihre Kommentare reagieren (Nielsen, 2023). Dies unterstreicht die Bedeutung einer aktiven und authentischen Präsenz.

Ein weiterer effektiver Ansatz zur Reichweitensteigerung ist das Influencer-Marketing. Kooperationen mit Influencern, die bereits eine treue Anhängerschaft haben, können die Reichweite von Marken erheblich erhöhen. Laut einer Studie von Influencer Marketing Hub aus dem Jahr 2024 erzielen Unternehmen, die Influencer-Marketing nutzen, im Durchschnitt einen ROI von 6,50 € für jeden investierten Euro (Influencer Marketing Hub, 2024). Dies zeigt, dass die Zusammenarbeit mit den richtigen Influencern nicht nur die Sichtbarkeit erhöht, sondern auch zu einer höheren Conversion-Rate führen kann.

Darüber hinaus sollten aktuelle Trends und Hashtags aktiv genutzt werden. Die Teilnahme an viralen Trends oder die Verwendung relevanter Hashtags kann die Sichtbarkeit von Inhalten erheblich steigern. Eine Untersuchung von Twitter aus dem Jahr 2023 hat gezeigt, dass Tweets mit mindestens einem Hashtag 33 % mehr Engagement erhalten als solche ohne (Twitter, 2023). Es ist jedoch wichtig, sicherzustellen, dass die verwendeten Hashtags tatsächlich relevant für den Inhalt sind, um die richtige Zielgruppe anzusprechen.

Abschließend ist die Analyse von Daten und Metriken unerlässlich, um die Effektivität der Strategien zur Reichweitensteigerung zu bewerten. Plattformen wie Google Analytics oder die Insights-Funktionen von Social Media bieten wertvolle Informationen über das Nutzerverhalten und die Performance von Inhalten. Diese Daten können genutzt werden, um zukünftige Inhalte besser zu planen und anzupassen. Laut einer Studie von eMarketer aus dem Jahr 2024 verwenden 67 % der Marketingexperten Datenanalysen, um ihre Social-Media-Strategien zu optimieren (eMarketer, 2024).

Zusammenfassend erfordert die Steigerung der Reichweite auf Social Media eine Kombination aus qualitativ hochwertigen Inhalten, Konsistenz, Community-Engagement, Influencer-Kooperationen, der Nutzung von Trends und einer datengestützten Analyse. Diese Strategien sind entscheidend für den Erfolg auf Social Media und die Monetarisierung persönlicher Inhalte. Im nächsten Subkapitel werden wir uns mit dem Einfluss von Trends und Hashtags auf die Reichweite befassen und untersuchen, wie man diese effektiv in der Praxis anwenden kann.

## 4.3 Einfluss von Trends und Hashtags

In der heutigen digitalen Welt sind Trends und Hashtags weit mehr als nur vorübergehende Modeerscheinungen; sie sind entscheidende Instrumente zur Steigerung der Reichweite und Sichtbarkeit von Inhalten. Wie bereits in den vorherigen Kapiteln erwähnt, spielt die Nutzung sozialer Medien eine zentrale Rolle bei der Monetarisierung digitaler Inhalte. Durch Trends und Hashtags können Inhalte gezielt verbreitet und ein breiteres Publikum angesprochen werden.

Trends sind dynamische Phänomene, die häufig durch aktuelle Ereignisse, kulturelle Bewegungen oder virale Inhalte geprägt sind. Sie verändern sich rasch und erfordern von den Nutzern eine proaktive Anpassung. Hashtags hingegen sind spezifische Schlagwörter, die es den Nutzern ermöglichen, Inhalte zu kategorisieren und leichter zu finden. Eine Studie von HubSpot aus dem Jahr 2023 zeigt, dass Beiträge mit mindestens einem Hashtag 12,6 % mehr Engagement erzielen als solche ohne. Dies verdeutlicht die Bedeutung einer strategischen Auswahl relevanter Hashtags.

Ein anschauliches Beispiel für den Einfluss von Trends und Hashtags findet sich im Fitnessbereich. Influencer nutzen häufig aktuelle Fitness-Trends, um ihre Inhalte zu gestalten und zu verbreiten. Wenn beispielsweise ein neuer Workout-Trend wie "HIIT" (High-Intensity Interval Training) populär wird, setzen Fitness-Influencer Hashtags wie #HIITWorkout oder #FitnessChallenge ein, um ihre Beiträge sichtbar zu machen. Diese Strategie führt nicht nur zu einer höheren Reichweite, sondern auch zu einer intensiveren Interaktion mit der Community.

Auch im Bereich des Kochens ist der Einsatz von Trends und Hashtags von großer Bedeutung. Plattformen wie Instagram und TikTok haben das Kochen revolutioniert, indem sie Trends wie "Food Hacks" oder "Vegan Cooking" fördern. Köche und Food-Blogger verwenden Hashtags wie #Foodie oder #HealthyEating, um ihre Rezepte einem breiteren Publikum zugänglich zu machen. Eine Analyse von Sprout Social zeigt, dass Posts mit kulinarischen Hashtags bis zu 30 % mehr Likes erhalten, was die Relevanz dieser Strategie unterstreicht.

Im Unterhaltungssektor spielen Trends und Hashtags ebenfalls eine wesentliche Rolle. Filme und Serien nutzen soziale Medien, um ihre Veröffentlichungen zu bewerben. Ein aktuelles Beispiel ist die Serie "Stranger Things", die durch die Verwendung von Hashtags wie #StrangerThings und #NetflixBingeWorthy eine enorme Online-Präsenz aufbauen konnte. Diese Hashtags ermöglichen es den Fans, ihre Begeisterung zu teilen und Diskussionen zu führen, was die Sichtbarkeit der Serie weiter erhöht.

Die Herausforderung besteht jedoch darin, die richtigen Trends und Hashtags auszuwählen. Eine falsche Wahl kann dazu führen, dass Inhalte nicht die gewünschte Reichweite erzielen. Es ist entscheidend, die Zielgruppe und deren Interessen zu verstehen. Tools wie Google Trends oder Hashtagify helfen dabei, aktuelle Trends zu identifizieren und die Effektivität von Hashtags zu analysieren. Laut einer Umfrage von Buffer aus dem Jahr 2023 gaben 70 % der Social-Media-Manager an, dass die Verwendung von Datenanalysen zur Auswahl von Hashtags ihre Engagement-Raten signifikant verbessert hat.

Ein weiterer wichtiger Aspekt ist die zeitliche Relevanz. Trends sind oft kurzlebig, und es ist entscheidend, schnell zu reagieren, um von ihnen zu profitieren. Die Fähigkeit, Inhalte in Echtzeit anzupassen und relevante Hashtags zu verwenden, kann den Unterschied zwischen einem viralen Hit und einem unbeachteten Beitrag ausmachen. Ein Beispiel hierfür ist die "Ice Bucket Challenge", die 2014 viral ging und durch Hashtags wie #IceBucketChallenge weltweit Aufmerksamkeit erregte.

Zusammenfassend lässt sich sagen, dass Trends und Hashtags eine zentrale Rolle bei der Monetarisierung digitaler Inhalte spielen. Sie ermöglichen eine gezielte Verbreitung von Inhalten und erhöhen die Interaktion mit der Zielgruppe. Eine durchdachte Strategie zur Auswahl und Nutzung von Trends und Hashtags kann entscheidend sein, um Sichtbarkeit und Reichweite zu maximieren. In einer Zeit, in der digitale Inhalte ständig um Aufmerksamkeit konkurrieren, ist es unerlässlich, diese Werkzeuge effektiv zu nutzen. Im nächsten Kapitel werden wir uns mit den verschiedenen Plattformen befassen, die es ermöglichen, diese Strategien in der Praxis umzusetzen und ein Nebeneinkommen zu generieren.

# 5
# Affiliate-Marketing erfolgreich nutzen

## 5.1 Grundlagen des Affiliate-Marketings

In der heutigen digitalen Ära, in der E-Commerce und Online-Dienstleistungen florieren, hat sich Affiliate-Marketing als eine der wirkungsvollsten Methoden zur Einkommensgenerierung etabliert. Aber was verbirgt sich hinter diesem Begriff? Im Wesentlichen handelt es sich um ein leistungsbasiertes Marketingmodell, bei dem Unternehmen Partner, auch Affiliates genannt, dafür entlohnen, ihre Produkte oder Dienstleistungen zu bewerben. Diese Partner erhalten eine Provision für jeden Verkauf oder jede Aktion, die durch ihre Empfehlungen zustande kommt. In diesem Subkapitel bieten wir Ihnen eine umfassende Einführung in die Grundlagen des Affiliate-Marketings und erläutern, wie diese Methode in der Praxis erfolgreich eingesetzt werden kann.

Affiliate-Marketing ist nicht nur eine Möglichkeit, Geld zu verdienen; es stellt auch ein flexibles Geschäftsmodell dar, das es Einzelpersonen ermöglicht, eigene Marken und Plattformen aufzubauen. Die Zugänglichkeit dieser Methode macht sie besonders attraktiv für eine breite Zielgruppe, von Studierenden über Berufstätige bis hin zu Rentnern. Laut einer Studie von Statista aus dem Jahr 2023 wird der Markt für Affiliate-Marketing bis 2025 voraussichtlich 8,2 Milliarden Euro erreichen, was die Relevanz und das Wachstumspotenzial dieser Einkommensquelle unterstreicht.

Es existieren verschiedene Arten des Affiliate-Marketings, die sich in ihrer Herangehensweise und den genutzten Kanälen unterscheiden. Eine der gängigsten Formen ist das Textlink-Marketing, bei dem Affiliates Links in ihren Inhalten integrieren, die auf die Produkte oder Dienstleistungen des Unternehmens verweisen. Diese Links können in Blogbeiträgen, sozialen Medien oder E-Mail-Newslettern platziert werden. Ein weiterer Ansatz ist das Banner-Marketing, bei dem visuelle Anzeigen auf Websites geschaltet werden, um die Aufmerksamkeit der Nutzer zu gewinnen. Diese Banner können sowohl statisch als auch animiert sein und sind oft strategisch positioniert, um die Klickrate zu maximieren.

Ein zunehmend beliebter Bereich im Affiliate-Marketing ist das Video-Marketing. Plattformen wie YouTube ermöglichen es Affiliates, Produkte in Form von Reviews, Tutorials oder Unboxings vorzustellen. Diese Präsentationsform schafft eine persönliche Verbindung zwischen den Zuschauern und dem Produkt und fördert das Vertrauen in die Empfehlungen des Affiliates. Laut einer Umfrage von HubSpot aus dem Jahr 2024 geben 72 % der Verbraucher an, dass sie eher bereit sind, ein Produkt zu kaufen, nachdem sie ein Video darüber gesehen haben. Dies verdeutlicht die Effektivität von Video-Inhalten im Affiliate-Marketing.

Die Auswahl der richtigen Affiliate-Programme ist entscheidend für den Erfolg im Affiliate-Marketing. Es ist wichtig, Programme zu wählen, die gut zu den eigenen Inhalten und der Zielgruppe passen. Die Zusammenarbeit mit renommierten Marken kann nicht nur die Glaubwürdigkeit erhöhen, sondern auch die Wahrscheinlichkeit steigern, dass die Empfehlungen tatsächlich zu Verkäufen führen. Darüber hinaus sollten Affiliates die Bedingungen und Provisionsstrukturen der Programme sorgfältig prüfen, um sicherzustellen, dass sie fair und transparent sind.

Ein weiterer zentraler Aspekt des Affiliate-Marketings ist die Analyse und Optimierung der eigenen Strategien. Affiliates sollten regelmäßig ihre Performance-Daten überprüfen, um herauszufinden, welche Inhalte und Kanäle am effektivsten sind. Tools wie Google Analytics oder spezielle Affiliate-Tracking-Software können dabei helfen, wertvolle Einblicke zu gewinnen. Durch kontinuierliche Anpassungen und Verbesserungen ihrer Strategien können Affiliates ihre Einnahmen maximieren und langfristigen Erfolg sichern.

Zusammenfassend lässt sich festhalten, dass Affiliate-Marketing eine vielseitige und lukrative Möglichkeit darstellt, ein Nebeneinkommen zu generieren. Mit der richtigen Strategie und den passenden Partnerprogrammen können sowohl Einzelpersonen als auch Unternehmen von diesem Modell profitieren. Im nächsten Subkapitel werden wir uns intensiver mit der Auswahl der richtigen Partnerprogramme beschäftigen und aufzeigen, wie man diese Entscheidung strategisch angehen kann. Dabei werden wir auch die verschiedenen Kriterien beleuchten, die bei der Auswahl berücksichtigt werden sollten, um den größtmöglichen Erfolg im Affiliate-Marketing zu erzielen.

## 5.2 Auswahl der richtigen Partnerprogramme

Die Wahl des passenden Partnerprogramms ist ein entscheidender Faktor im Affiliate-Marketing, der maßgeblich über den Erfolg Ihrer Aktivitäten entscheidet. In den vorherigen Abschnitten haben wir die Grundlagen des Affiliate-Marketings behandelt und festgestellt, dass die Auswahl der Produkte oder Dienstleistungen, die Sie bewerben, eng mit Ihrer Zielgruppe und Ihren persönlichen Interessen verknüpft ist. In diesem Abschnitt werden wir die verschiedenen Ansätze zur Auswahl von Partnerprogrammen näher beleuchten und Ihnen zeigen, wie Sie diese effektiv in der Praxis umsetzen können.

Ein wesentlicher Aspekt bei der Auswahl eines Partnerprogramms ist die Relevanz für Ihre Nische. Wenn Sie beispielsweise einen Fitnessblog führen, sollten Sie Programme auswählen, die Fitnessprodukte oder -dienstleistungen anbieten. Eine Studie von Statista aus dem Jahr 2023 zeigt, dass der Fitnessbereich im Vergleich zum Vorjahr um 25 % gewachsen ist. Dies verdeutlicht die hohe Nachfrage nach Produkten in diesem Sektor und erhöht Ihre Chancen auf erfolgreiche Verkäufe.

Darüber hinaus ist es wichtig, die Provisionen und Vergütungsstrukturen der Partnerprogramme zu verstehen. Einige Programme bieten hohe einmalige Provisionen, während andere auf wiederkehrende Zahlungen setzen. Eine Analyse von Awin aus dem Jahr 2024 hat ergeben, dass Partnerprogramme mit wiederkehrenden Provisionen in den letzten zwei Jahren um 30 % an Beliebtheit gewonnen haben. Diese Art der Vergütung stellt eine stabilere Einkommensquelle dar, insbesondere wenn Sie langfristige Beziehungen zu Ihren Lesern aufbauen möchten.

Ein weiterer wichtiger Punkt ist die Reputation des Partnerprogramms. Bevor Sie sich anmelden, sollten Sie die Erfahrungen anderer Affiliates recherchieren. Plattformen wie Trustpilot oder Affiliate-Foren können wertvolle Einblicke bieten. Ein Beispiel ist das Programm von Amazon Associates, das trotz starker Konkurrenz aufgrund seiner Vertrauenswürdigkeit und der breiten Produktpalette beliebt bleibt. Laut einer Umfrage von Affiliate Summit im Jahr 2023 gaben 70 % der Befragten an, dass sie bei der Auswahl eines Partnerprogramms stark auf die Reputation des Anbieters achten.

Zusätzlich sollten Sie die Marketingressourcen und die Unterstützung, die von den Partnerprogrammen bereitgestellt werden, in Betracht ziehen. Hochwertige Partnerprogramme bieten nicht nur Werbematerialien, sondern auch Schulungen und Webinare an, um Affiliates zu unterstützen. Eine Umfrage von Rakuten Marketing aus dem Jahr 2024 ergab, dass 65 % der erfolgreichen Affiliates angaben, dass die Unterstützung durch das Partnerprogramm entscheidend für ihren Erfolg war. Diese Ressourcen können Ihnen helfen, effektive Marketingstrategien zu entwickeln und Ihre Conversion-Raten zu steigern.

Ein praktisches Beispiel für die Anwendung dieser Prinzipien finden wir im Bereich des Kochens. Wenn Sie einen Food-Blog betreiben, könnten Sie Partnerprogramme von Küchengeräteherstellern oder Lebensmittel-Lieferdiensten in Betracht ziehen. Solche Programme bieten nicht nur relevante Produkte, sondern auch saisonale Kampagnen und spezielle Angebote, die Ihre Leser ansprechen. Laut einer Analyse von eMarketer aus dem Jahr 2023 konnten Food-Blogger, die gezielt auf solche Programme setzen, ihre Einnahmen um bis zu 40 % steigern.

Es ist ratsam, verschiedene Partnerprogramme auszuprobieren, um herauszufinden, welche am besten zu Ihrem Publikum passen. Viele Affiliates nutzen eine Kombination mehrerer Programme, um ihre Einnahmequellen zu diversifizieren. Dies kann Ihnen helfen, Risiken zu minimieren und Ihre Einkünfte zu stabilisieren. Eine Studie von CJ Affiliate aus dem Jahr 2024 zeigte, dass Affiliates, die mehrere Programme gleichzeitig bewarben, im Durchschnitt 50 % höhere Einnahmen erzielten als diejenigen, die sich auf ein einzelnes Programm konzentrierten.

Zusammenfassend lässt sich sagen, dass die Auswahl des richtigen Partnerprogramms nicht nur von den Provisionen abhängt, sondern auch von der Passgenauigkeit zu Ihrer Zielgruppe und der Unterstützung, die Sie erhalten. Im nächsten Subkapitel werden wir Strategien zur Umsatzsteigerung im Affiliate-Marketing behandeln. Dabei werden wir untersuchen, wie Sie die gewählten Partnerprogramme optimal nutzen können, um Ihre Einnahmen zu maximieren und nachhaltigen Erfolg zu erzielen.

## 5.3 Strategien zur Umsatzsteigerung

Die Steigerung des Umsatzes ist ein entscheidender Faktor für den Erfolg im Affiliate-Marketing. In den vorherigen Abschnitten haben wir die Grundlagen des Affiliate-Marketings sowie die Auswahl geeigneter Partnerprogramme behandelt. Jetzt widmen wir uns verschiedenen Strategien zur Umsatzsteigerung und deren praktischen Anwendung in unterschiedlichen Branchen.

Eine der wirkungsvollsten Methoden zur Umsatzsteigerung im Affiliate-Marketing ist die Optimierung der Conversion-Rate. Dies bedeutet, dass die Anzahl der Besucher, die eine gewünschte Aktion ausführen – sei es der Kauf eines Produkts oder das Ausfüllen eines Formulars – maximiert wird. Laut einer Studie von HubSpot aus dem Jahr 2023 liegt die durchschnittliche Conversion-Rate im E-Commerce bei etwa 2,86 %. Durch gezielte Maßnahmen wie A/B-Tests, ansprechende Call-to-Action-Elemente und benutzerfreundliche Landing Pages kann diese Rate erheblich gesteigert werden.

Ein weiterer wichtiger Aspekt ist die Diversifizierung der Einnahmequellen. Affiliates sollten nicht nur auf ein einzelnes Partnerprogramm setzen, sondern mehrere Programme aus verschiedenen Nischen in Betracht ziehen. Diese Strategie minimiert das Risiko und ermöglicht es, von unterschiedlichen Markttrends zu profitieren. Beispielsweise können Affiliates im Fitnessbereich Produkte wie Nahrungsergänzungsmittel, Trainingsgeräte und Online-Kurse bewerben. Eine Studie von Statista aus dem Jahr 2024 zeigt, dass der globale Markt für Fitnessprodukte bis 2026 voraussichtlich 100 Milliarden Euro erreichen wird, was enorme Chancen für Affiliates bietet.

Zusätzlich zur Diversifizierung ist die Nutzung von Social Media eine entscheidende Strategie zur Umsatzsteigerung. Plattformen wie Instagram, Facebook und TikTok ermöglichen es Affiliates, ihre Zielgruppe direkt anzusprechen und ihre Produkte durch kreative Inhalte zu bewerben. Laut einer Umfrage von Hootsuite aus dem Jahr 2023 nutzen 73 % der Marketer Social Media als effektives Werkzeug zur Umsatzsteigerung. Die Erstellung von ansprechenden Inhalten, die emotional ansprechen, kann die Markenbindung stärken und zu höheren Verkaufszahlen führen.

Im Bereich Kochen und Gastronomie können Affiliates durch die Veröffentlichung von Rezepten und Kochvideos auf Plattformen wie YouTube zusätzliche Einnahmen generieren. Dabei ist es wichtig, qualitativ hochwertige Inhalte zu produzieren, die sowohl informativ als auch unterhaltsam sind. Eine Analyse von YouTube-Daten zeigt, dass Videos mit einer Länge von 7 bis 15 Minuten die höchste Zuschauerbindung aufweisen. Affiliates können diese Erkenntnisse nutzen, um ihre Inhalte strategisch zu planen und die Zuschauer zu ermutigen, über ihre Affiliate-Links einzukaufen.

Im Unterhaltungssektor, insbesondere im Gaming-Bereich, ist die Integration von Affiliate-Links in Live-Streams und Let's Plays eine bewährte Methode zur Umsatzsteigerung. Streamer können ihren Zuschauern Produkte empfehlen, während sie gleichzeitig ihre eigenen Erfahrungen teilen. Laut einer Studie von Newzoo aus dem Jahr 2023 gaben 54 % der Gamer an, dass sie Produkte kaufen, die von ihren Lieblingsstreamern empfohlen werden. Dies verdeutlicht das Potenzial, das Influencer-Marketing im Affiliate-Bereich hat.

Die Nutzung von E-Mail-Marketing ist eine weitere oft unterschätzte Strategie. Durch den Aufbau einer E-Mail-Liste können Affiliates direkt mit ihrer Zielgruppe kommunizieren und gezielte Angebote unterbreiten. Laut einer Studie von Mailchimp aus dem Jahr 2024 liegt die durchschnittliche Öffnungsrate von Marketing-E-Mails bei 21 %, was zeigt, dass E-Mail-Marketing nach wie vor ein effektives Werkzeug zur Umsatzsteigerung ist. Die Segmentierung der E-Mail-Liste und personalisierte Inhalte können die Conversion-Raten zusätzlich erhöhen.

Zusammenfassend lässt sich sagen, dass die Umsatzsteigerung im Affiliate-Marketing durch eine Kombination verschiedener Strategien erreicht werden kann. Die Optimierung der Conversion-Rate, die Diversifizierung der Einnahmequellen, die Nutzung von Social Media, die Erstellung hochwertiger Inhalte und das E-Mail-Marketing sind allesamt entscheidende Faktoren. Diese Strategien bieten nicht nur kurzfristige Lösungen, sondern auch langfristige Perspektiven für nachhaltigen Erfolg im Affiliate-Marketing. Im nächsten Kapitel werden wir uns mit der Erstellung und dem Verkauf digitaler Produkte beschäftigen, um weitere Einkommensmöglichkeiten zu erkunden.

# 6
# Digitale Produkte erstellen und verkaufen

## 6.1 Arten digitaler Produkte

In der heutigen digitalen Ära eröffnet sich eine schier endlose Palette an Möglichkeiten zur Erstellung und Vermarktung digitaler Produkte. Diese Produkte bieten nicht nur eine hervorragende Gelegenheit, ein zusätzliches Einkommen zu generieren, sondern ermöglichen es auch, persönliche Fähigkeiten und Fachkenntnisse in einem lukrativen Rahmen einzusetzen. In diesem Abschnitt werden wir die verschiedenen Arten digitaler Produkte untersuchen und praktische Ansätze zur erfolgreichen Umsetzung vorstellen.

Digitale Produkte sind immaterielle Güter, die über das Internet verkauft werden können. Sie zeichnen sich durch geringe Produktionskosten aus und erfordern oft keine umfangreiche Lagerhaltung oder Versand. Zu den bekanntesten Formen digitaler Produkte zählen Online-Kurse, E-Books, Software und digitale Kunstwerke. Jedes dieser Produkte bringt spezifische Merkmale und Vorteile mit sich, die es wert sind, näher betrachtet zu werden.

Online-Kurse haben in den letzten Jahren stark an Beliebtheit gewonnen. Laut einer Studie von Research and Markets wird der Markt für Online-Bildung bis 2025 voraussichtlich 375 Milliarden US-Dollar erreichen. Dies verdeutlicht, dass immer mehr Menschen bereit sind, in ihre Weiterbildung zu investieren. Die Entwicklung eines Online-Kurses erfordert eine sorgfältige Planung der Inhalte sowie eine klare Strukturierung. Plattformen wie Udemy und Teachable bieten benutzerfreundliche Möglichkeiten, um Kurse zu hosten und zu vermarkten. Eine gelungene Kombination aus Video-Inhalten, interaktiven Elementen und unterstützenden Materialien kann das Lernen für die Teilnehmer sowohl ansprechend als auch effektiv gestalten.

E-Books stellen eine weitere gefragte Form digitaler Produkte dar. Sie ermöglichen es Autoren, ihre Gedanken und Ideen in einem kompakten Format zu präsentieren. Laut einer Umfrage von Statista lesen 42% der Deutschen regelmäßig E-Books, was zeigt, dass das Interesse an digitalen Büchern weiterhin wächst. Die Erstellung eines E-Books erfordert nicht nur ausgeprägte Schreibfähigkeiten, sondern auch Kenntnisse im Marketing, um das Buch erfolgreich zu verkaufen. Plattformen wie Amazon Kindle Direct Publishing bieten Autoren die Möglichkeit, ihre Werke unkompliziert zu veröffentlichen und einer breiten Leserschaft zugänglich zu machen.

Softwareprodukte sind ebenfalls ein bedeutender Bereich im digitalen Produktangebot. Ob Apps, Tools oder Plugins – die Nachfrage nach Softwarelösungen bleibt ungebrochen. Eine Umfrage von Gartner ergab, dass 70% der Unternehmen planen, ihre Investitionen in Softwarelösungen in den nächsten zwei Jahren zu erhöhen. Dies eröffnet Entwicklern und Programmierern zahlreiche Chancen, innovative Lösungen zu entwickeln und diese zu monetarisieren. Obwohl die Softwareentwicklung technisches Know-how erfordert, kann sie mit der richtigen Idee und Ausführung zu einem lukrativen Geschäft führen.

Digitale Kunstwerke, einschließlich Grafiken, Musik und Videos, haben ebenfalls an Bedeutung gewonnen. Künstler und Kreative können ihre Werke über Plattformen wie Etsy oder Bandcamp verkaufen und so ein breites Publikum erreichen. Laut einer Studie von Art Basel gaben 60% der Künstler an, dass sie ihre Einnahmen durch den Verkauf digitaler Kunstwerke erheblich steigern konnten. Die Schaffung und Vermarktung digitaler Kunst erfordert Kreativität und ein Gespür für Trends, kann jedoch sehr erfüllend sein.

Zusammenfassend lässt sich sagen, dass die Vielfalt digitaler Produkte nahezu unbegrenzt ist. Jeder kann basierend auf seinen Fähigkeiten und Interessen ein passendes Produkt entwickeln. Der Schlüssel zum Erfolg liegt in sorgfältiger Planung, effektiver Vermarktung und der Nutzung geeigneter Plattformen. Im nächsten Abschnitt werden wir uns intensiver mit der Erstellung und Vermarktung dieser digitalen Produkte befassen und praktische Strategien vorstellen, die Ihnen helfen, Ihre Ideen in profitable Geschäftsmodelle umzusetzen.

## 6.2 Erstellung und Vermarktung

Die Entwicklung und Vermarktung digitaler Produkte ist entscheidend für den Erfolg im digitalen Nebenjob. Nachdem wir in den vorherigen Kapiteln die Grundlagen und Arten digitaler Produkte behandelt haben, widmen wir uns nun den praktischen Schritten zur Erstellung und Vermarktung dieser Produkte. In einer zunehmend digitalisierten Welt ist es unerlässlich, effektive Strategien zu entwickeln, um sich auf dem Markt hervorzuheben.

Der erste Schritt in der Produktentwicklung besteht darin, ein klares Bild von der Zielgruppe zu zeichnen. Wer sind die potenziellen Käufer? Welche Bedürfnisse und Herausforderungen haben sie? Eine Umfrage von Statista aus dem Jahr 2023 zeigt, dass 72 % der Befragten bereit sind, für digitale Produkte zu zahlen, die spezifische Probleme lösen oder ihre Lebensqualität verbessern. Diese Erkenntnis sollte als Grundlage für die Produktentwicklung dienen.

Ein weiterer wichtiger Aspekt ist die Wahl des Formats für das digitale Produkt. Ob E-Book, Online-Kurs oder Software – jedes Format bringt eigene Vorteile und Herausforderungen mit sich. Laut einer Studie von ResearchGate aus dem Jahr 2024 bevorzugen 65 % der Online-Lernenden Videoformate gegenüber Textinhalten. Dies deutet darauf hin, dass die Erstellung eines Videokurses eine vielversprechende Option sein könnte, insbesondere im Bildungsbereich.

Sobald das Produkt entwickelt ist, beginnt die Vermarktungsphase. Hierbei ist es wichtig, verschiedene Kanäle zu nutzen, um die Sichtbarkeit zu erhöhen. Plattformen wie Instagram und Facebook bieten hervorragende Möglichkeiten, um mit der Zielgruppe in Kontakt zu treten. Eine Analyse von Hootsuite aus dem Jahr 2023 zeigt, dass 54 % der Social-Media-Nutzer Produkte über soziale Netzwerke entdecken. Daher sollten Marketingstrategien, die auf diesen Plattformen basieren, nicht vernachlässigt werden.

Ein effektives Marketingkonzept sollte auch die Zusammenarbeit mit Influencern umfassen. Laut einer Umfrage von Influencer Marketing Hub aus dem Jahr 2024 haben 89 % der Vermarkter festgestellt, dass der ROI von Influencer-Marketing höher ist als bei anderen Marketingformen. Die Kooperation mit Influencern, die Ihre Zielgruppe ansprechen, kann die Glaubwürdigkeit Ihres Produkts erheblich steigern und zu höheren Verkaufszahlen führen.

Darüber hinaus ist die Suchmaschinenoptimierung (SEO) ein unverzichtbarer Bestandteil der Vermarktung digitaler Produkte. Eine aktuelle Studie von Moz aus dem Jahr 2023 zeigt, dass 93 % aller Online-Erlebnisse mit einer Suchmaschine beginnen. Durch gezielte Keyword-Recherche und die Optimierung Ihrer Inhalte können Sie sicherstellen, dass Ihr Produkt in den Suchergebnissen sichtbar ist. Tools wie Google Keyword Planner oder SEMrush helfen dabei, relevante Keywords zu identifizieren und effektiv zu integrieren.

Ein weiterer wirkungsvoller Ansatz zur Vermarktung digitaler Produkte ist die Erstellung von Landing Pages. Diese speziellen Webseiten sind darauf ausgelegt, Besucher zu konvertieren, indem sie umfassende Informationen über das Produkt bereitstellen und einen klaren Call-to-Action enthalten. Laut einer Studie von Unbounce aus dem Jahr 2024 haben Unternehmen, die Landing Pages nutzen, eine Conversion-Rate von bis zu 300 % im Vergleich zu herkömmlichen Webseiten.

Im Fitnessbereich haben viele Trainer erfolgreich digitale Produkte wie Trainingspläne und Ernährungsratgeber erstellt und vermarktet. Ein Beispiel ist die Fitness-Influencerin Kayla Itsines, die mit ihrem E-Book "Bikini Body Guide" Millionen von Dollar verdient hat. Ihr Erfolg basiert auf einer starken Online-Präsenz und der Fähigkeit, ihre Zielgruppe effektiv anzusprechen.

Im Kochbereich gibt es zahlreiche Möglichkeiten, digitale Produkte zu erstellen, wie Rezept-E-Books oder Kochkurse. Ein aktuelles Beispiel ist der YouTube-Kanal "Tasty", der durch die Veröffentlichung von Kochvideos und begleitenden Rezepten ein großes Publikum erreicht hat. Die Monetarisierung erfolgt durch Werbung, Sponsoring und den Verkauf von Kochbüchern.

Zusammenfassend erfordert die Erstellung und Vermarktung digitaler Produkte eine Kombination aus Kreativität, strategischem Denken und technischem Know-how. Es ist entscheidend, die Bedürfnisse der Zielgruppe zu verstehen und geeignete Marketingstrategien zu entwickeln, um die Sichtbarkeit und den Verkauf zu maximieren. Im nächsten Subkapitel werden wir uns mit den verschiedenen Plattformen befassen, die es ermöglichen, digitale Produkte effektiv zu verkaufen, sowie den Kriterien, die bei der Auswahl der richtigen Plattform zu beachten sind.

## 6.3 Plattformen für den Verkauf

In der heutigen digitalen Ära stehen zahlreiche Plattformen zur Verfügung, die es ermöglichen, digitale Produkte zu verkaufen. Diese Plattformen spielen eine entscheidende Rolle bei der Monetarisierung kreativer Inhalte und eröffnen vielfältige Möglichkeiten, ein zusätzliches Einkommen zu generieren. In diesem Abschnitt werden wir die wichtigsten Plattformen näher betrachten und deren praktische Anwendungen in verschiedenen Branchen beleuchten.

Eine der bekanntesten Plattformen für den Verkauf digitaler Produkte ist Gumroad. Diese benutzerfreundliche Plattform ermöglicht es Kreativen, ihre Produkte direkt an Verbraucher zu verkaufen, ohne dass eine aufwendige Website erforderlich ist. Verkäufer können E-Books, Musik, Software und andere digitale Produkte schnell und unkompliziert anbieten. Laut einer Umfrage von Statista aus dem Jahr 2023 nutzen über 60 % der digitalen Verkäufer Gumroad, da die Handhabung einfach ist und die Gebührenstruktur transparent bleibt.

Ein weiteres bemerkenswertes Beispiel ist Teachable, das sich auf den Verkauf von Online-Kursen spezialisiert hat. Teachable bietet eine umfassende Lösung für Kursanbieter, einschließlich der Integration von Videos, Quizzen und Zertifikaten. Die Plattform hat sich als besonders effektiv für Fachleute in Bereichen wie Fitness, Kochen und persönlicher Entwicklung erwiesen. Eine Studie von eLearning Industry aus dem Jahr 2024 zeigt, dass 70 % der Kursteilnehmer angaben, durch Online-Kurse auf Plattformen wie Teachable neue Fähigkeiten erlernt zu haben, was die Relevanz dieser Plattform unterstreicht.

Für kreative Köpfe im Bereich Grafikdesign und Kunst ist Creative Market eine hervorragende Wahl. Diese Plattform ermöglicht es Designern, ihre Arbeiten, wie Grafiken, Vorlagen und Schriftarten, zu verkaufen. Creative Market hat sich als wichtiger Marktplatz etabliert, auf dem Künstler ihre Produkte einem breiten Publikum präsentieren können. Laut einer Analyse von Market Research Future aus dem Jahr 2023 wird der Markt für digitale Designprodukte voraussichtlich bis 2026 um 15 % wachsen, was die Chancen für Verkäufer auf Plattformen wie Creative Market erhöht.

Im Bereich des Kochens und der Ernährung hat sich Udemy als beliebte Plattform etabliert, um Kochkurse anzubieten. Udemy ermöglicht es Nutzern, ihre Kochkünste zu monetarisieren, indem sie eigene Kurse erstellen und verkaufen. Die Plattform zieht eine große Nutzerbasis an, die ständig nach neuen und innovativen Kochtechniken sucht. Laut einer Umfrage von Food & Wine aus dem Jahr 2024 gaben 65 % der Befragten an, dass sie Online-Kochkurse als wertvolle Ressource für ihre kulinarische Weiterbildung betrachten.

Für die Unterhaltungsbranche bietet Patreon eine einzigartige Möglichkeit, kreative Inhalte zu monetarisieren. Diese Plattform erlaubt es Künstlern, direkt von ihren Fans unterstützt zu werden, indem sie Abonnements anbieten. Patreon hat sich als besonders effektiv für Musiker, Podcaster und YouTuber erwiesen, die regelmäßig Inhalte produzieren. Eine Studie von Forbes aus dem Jahr 2023 zeigt, dass über 50 % der Kreativen, die Patreon nutzen, angeben, durch diese Plattform ein stabiles Einkommen erzielt zu haben.

Zusätzlich zu diesen Plattformen existieren spezialisierte Marktplätze wie Bandcamp für Musiker und Skillshare für kreative Kurse. Bandcamp ermöglicht es Musikern, ihre Alben direkt an Fans zu verkaufen und dabei einen größeren Anteil an den Einnahmen zu behalten. Skillshare hingegen bietet eine Plattform für Kreative, um ihre Fähigkeiten in verschiedenen Bereichen zu lehren und zu monetarisieren.

Die Wahl der richtigen Plattform hängt stark von der Art des digitalen Produkts ab, das verkauft werden soll. Es ist wichtig, die spezifischen Funktionen und Zielgruppen jeder Plattform zu berücksichtigen, um die bestmöglichen Ergebnisse zu erzielen. Verkäufer sollten sich zudem über die Gebührenstrukturen und Marketingmöglichkeiten der jeweiligen Plattform informieren, um ihre Produkte effektiv zu bewerben.

Zusammenfassend lässt sich sagen, dass die Auswahl der richtigen Plattform für den Verkauf digitaler Produkte entscheidend für den Erfolg ist. Die vorgestellten Plattformen bieten vielfältige Möglichkeiten, kreative Inhalte zu monetarisieren und ein zusätzliches Einkommen zu generieren. Im nächsten Kapitel werden wir uns mit der Erstellung und Vermarktung von Online-Kursen befassen, um die Potenziale dieser digitalen Produkte weiter zu erkunden.

# 7
# Online-Kurse und Webinare anbieten

## 7.1 Kursinhalte und Struktur

In der dynamischen digitalen Landschaft, in der Wissen und Fähigkeiten ständig an Bedeutung gewinnen, ist die sorgfältige Auswahl und strukturierte Präsentation von Kursinhalten entscheidend für den Erfolg eines Online-Kurses. Die Art und Weise, wie Inhalte gestaltet werden, kann den entscheidenden Unterschied zwischen einem Kurs, der floriert, und einem, der in der Masse untergeht, ausmachen. In diesem Abschnitt werden wir die verschiedenen Ansätze zur Auswahl und Strukturierung von Kursinhalten untersuchen und aufzeigen, wie diese Konzepte in der Praxis umgesetzt werden können.

Bei der Entwicklung eines Kurses ist es unerlässlich, die Zielgruppe genau zu definieren. Wer sind die potenziellen Teilnehmer? Welche Vorkenntnisse bringen sie mit? Diese Überlegungen sind entscheidend, um die Inhalte so zu gestalten, dass sie den Bedürfnissen und Erwartungen der Lernenden gerecht werden. Eine Studie der Universität Mannheim aus dem Jahr 2023 zeigt, dass Kurse, die speziell auf die Bedürfnisse ihrer Zielgruppe zugeschnitten sind, eine um 40% höhere Abschlussquote aufweisen als allgemein gehaltene Angebote. Daher ist es von großer Bedeutung, die Interessen und Herausforderungen der Zielgruppe zu verstehen und diese Erkenntnisse in die Kursgestaltung einfließen zu lassen.

Ein weiterer zentraler Aspekt ist die Struktur des Kurses. Eine klare und logische Gliederung fördert das Verständnis und die Motivation der Teilnehmer. Ein bewährtes Modell ist die Verwendung von Modulen oder Lektionen, die aufeinander aufbauen. Dies ermöglicht den Lernenden, schrittweise Wissen zu erwerben und ihre Fähigkeiten kontinuierlich zu erweitern. Beispielsweise könnte ein Fitnesskurs in Module unterteilt werden, die sich jeweils auf verschiedene Themen wie Ernährung, Trainingsmethoden und mentale Gesundheit konzentrieren. Diese modulare Struktur hilft den Teilnehmern, nicht überfordert zu werden, und ermöglicht es ihnen, sich auf die einzelnen Themen zu konzentrieren.

Praktische Beispiele aus unterschiedlichen Branchen verdeutlichen die Bedeutung der Kursinhaltsauswahl und -strukturierung. Im Kochbereich könnte ein Kurs beispielsweise mit grundlegenden Techniken beginnen, gefolgt von spezifischen Rezepten und schließlich fortgeschrittenen Kochmethoden. Eine solche progressive Struktur unterstützt die Teilnehmer dabei, ihr Wissen systematisch aufzubauen und anzuwenden. Im Bereich der Videoproduktion könnten Kurse zunächst die Grundlagen der Kameratechnik behandeln, bevor sie zu komplexeren Themen wie Schnitttechniken und Postproduktion übergehen.

Ein oft übersehener Punkt ist die Integration interaktiver Elemente in den Kurs. Studien belegen, dass Kurse, die interaktive Komponenten wie Quizze, Diskussionen oder praktische Übungen enthalten, die Lernmotivation und das Engagement der Teilnehmer erheblich steigern. Laut einer Umfrage von EdSurge aus dem Jahr 2024 gaben 78% der Befragten an, dass sie sich in interaktiven Kursen stärker engagieren und motivierter sind, am Ball zu bleiben. Diese Elemente fördern nicht nur das Lernen, sondern auch den Austausch zwischen den Teilnehmern, was zu einer lebendigeren Lernerfahrung führt.

Zusammenfassend lässt sich festhalten, dass die Auswahl der richtigen Kursinhalte und deren strukturierte Präsentation von zentraler Bedeutung für den Erfolg eines Online-Kurses sind. Durch die Berücksichtigung der Zielgruppe, die klare Gliederung der Inhalte und die Integration interaktiver Elemente können Kursanbieter sicherstellen, dass ihre Angebote sowohl informativ als auch ansprechend sind. Im nächsten Abschnitt werden wir uns mit den verschiedenen Plattformen befassen, die es ermöglichen, Online-Kurse und Webinare anzubieten, und untersuchen, wie diese Plattformen genutzt werden können, um die Reichweite und den Erfolg der Kurse zu maximieren.

## 7.2 Plattformen für Online-Kurse

In der heutigen digitalen Ära, in der Wissen und Fähigkeiten zunehmend gefragt sind, bieten Online-Kurse eine ausgezeichnete Möglichkeit, nicht nur Wissen zu vermitteln, sondern auch zusätzliche Einkommensquellen zu erschließen. Die Wahl der richtigen Plattform spielt eine entscheidende Rolle dabei, Inhalte effektiv zu vermarkten und ein breites Publikum zu erreichen. In diesem Abschnitt werden wir die bedeutendsten Plattformen für Online-Kurse und Webinare beleuchten und deren praktische Anwendung erläutern.

Zu den bekanntesten Plattformen zählen Udemy, Teachable und Coursera. Diese Anbieter zeichnen sich durch ihre Benutzerfreundlichkeit aus und bieten zahlreiche Funktionen, die es Kursanbietern erleichtern, ihre Inhalte zu erstellen und zu vermarkten. Udemy ermöglicht es Lehrenden beispielsweise, Kurse zu gestalten, die über die Plattform verkauft werden. Im Jahr 2023 berichtete Udemy von mehr als 50 Millionen registrierten Studierenden weltweit, was die Reichweite und das Potenzial für Kursanbieter erheblich steigert.

Ein weiterer wichtiger Akteur im Bereich der Online-Kursplattformen ist Teachable. Diese Plattform bietet Kursanbietern mehr Kontrolle über Branding und Preisgestaltung. Laut einer Umfrage von Teachable aus dem Jahr 2024 nutzen über 100.000 Kursanbieter die Plattform zur Monetarisierung ihrer Inhalte. Teachable ermöglicht es den Nutzern zudem, eigene Websites zu erstellen, was besonders vorteilhaft für diejenigen ist, die eine persönliche Marke aufbauen möchten.

Für akademische Inhalte und berufliche Weiterbildung ist Coursera eine hervorragende Wahl. Diese Plattform kooperiert mit Universitäten und Institutionen, um qualitativ hochwertige Kurse anzubieten. Im Jahr 2023 verzeichnete Coursera über 77 Millionen registrierte Nutzer, was die hohe Nachfrage nach akademischen Online-Kursen unterstreicht. Die Möglichkeit, Zertifikate von anerkannten Institutionen zu erhalten, erhöht den Wert der Kurse und zieht eine breitere Zielgruppe an.

Die Wahl der Plattform hängt stark von den Zielen des Kursanbieters ab. Wer kreative Kurse im Bereich Fitness oder Kochen anbieten möchte, könnte Plattformen wie Skillshare in Betracht ziehen. Skillshare hat sich auf kreative und praktische Fähigkeiten spezialisiert und bietet eine engagierte Community, die aktiv an den Kursen teilnimmt. Laut einer Studie von Skillshare aus dem Jahr 2024 haben über 12 Millionen Nutzer die Plattform besucht, um neue Fähigkeiten zu erlernen.

Ein weiterer wichtiger Aspekt, den Kursanbieter berücksichtigen sollten, ist die Monetarisierung. Viele Plattformen bieten unterschiedliche Monetarisierungsmodelle an, darunter Abonnements, einmalige Zahlungen oder Freemium-Modelle, bei denen einige Inhalte kostenlos angeboten werden, während für andere Gebühren erhoben werden. Dies ermöglicht es den Anbietern, ihre Zielgruppe besser zu erreichen und verschiedene Einkommensströme zu generieren.

Zusätzlich zu den genannten Plattformen existieren auch spezialisierte Lösungen wie Thinkific und Kajabi, die sich an Unternehmer richten, die umfassendere Marketing- und Verkaufsfunktionen benötigen. Diese Plattformen bieten integrierte Tools für E-Mail-Marketing, Landing Pages und Zahlungsabwicklung, was sie zu einer attraktiven Wahl für diejenigen macht, die ein vollständiges Geschäftssystem aufbauen möchten.

Die Nutzung von Online-Kursplattformen kann durch die Integration von sozialen Medien und anderen digitalen Marketingstrategien weiter optimiert werden. Plattformen wie Facebook, Instagram und LinkedIn bieten hervorragende Möglichkeiten, um Kurse zu bewerben und eine Community aufzubauen. Eine Umfrage von HubSpot aus dem Jahr 2024 ergab, dass 72 % der Vermarkter soziale Medien als effektives Werkzeug zur Förderung ihrer Online-Kurse betrachten.

Zusammenfassend ist die Auswahl der richtigen Plattform für Online-Kurse von entscheidender Bedeutung, um die eigene Zielgruppe zu erreichen und erfolgreich zu monetarisieren. Die Vielfalt der verfügbaren Plattformen ermöglicht es Kursanbietern, ihre Inhalte optimal zu präsentieren und gleichzeitig ihre Markenidentität zu stärken. Im nächsten Abschnitt werden wir uns mit den Vermarktungsstrategien für Online-Kurse und Webinare beschäftigen, um sicherzustellen, dass die erstellten Inhalte die Aufmerksamkeit erhalten, die sie verdienen.

## 7.3 Vermarktungsstrategien für Kurse

Die erfolgreiche Vermarktung von Online-Kursen und Webinaren ist ein wesentlicher Bestandteil des Erfolgs in der digitalen Bildungslandschaft. Nachdem wir in den vorherigen Kapiteln die Grundlagen der Kursentwicklung und die Auswahl geeigneter Plattformen behandelt haben, widmen wir uns nun den verschiedenen Vermarktungsstrategien, die es ermöglichen, diese Kurse effektiv zu positionieren und ein breites Publikum zu erreichen.

Ein zentraler Aspekt der Vermarktung ist die Identifikation der Zielgruppe. Wer sind die potenziellen Teilnehmer und welche Bedürfnisse und Interessen haben sie? Eine präzise Zielgruppenanalyse ist entscheidend, um Marketingbotschaften gezielt zu formulieren und die passenden Kanäle auszuwählen. Laut einer Studie von HubSpot aus dem Jahr 2023 gaben 70 % der Marketer an, dass das Verständnis ihrer Zielgruppe entscheidend für den Erfolg ihrer Kampagnen ist. Diese Erkenntnis gilt auch für die Vermarktung von Online-Kursen.

Eine bewährte Strategie zur Vermarktung von Online-Kursen ist die Nutzung von Social Media. Plattformen wie Facebook, Instagram und LinkedIn bieten hervorragende Möglichkeiten, um mit potenziellen Teilnehmern in Kontakt zu treten. Durch gezielte Werbung und organische Posts können Kursanbieter ihre Inhalte bewerben und eine Community aufbauen. Eine Umfrage von Sprout Social aus dem Jahr 2024 zeigt, dass 54 % der Nutzer Social Media nutzen, um Informationen über Produkte und Dienstleistungen zu erhalten. Dies verdeutlicht das Potenzial dieser Plattformen für die Vermarktung von Online-Kursen.

Darüber hinaus kann Content-Marketing eine effektive Methode sein, um Interesse an einem Kurs zu wecken. Durch das Erstellen von Blogbeiträgen, Videos oder Podcasts zu relevanten Themen können Kursanbieter ihre Expertise demonstrieren und Vertrauen bei ihrer Zielgruppe aufbauen. Eine Untersuchung des Content Marketing Institute aus dem Jahr 2023 ergab, dass Unternehmen, die regelmäßig Inhalte veröffentlichen, 13-mal mehr Chancen haben, einen positiven ROI zu erzielen. Dies zeigt, wie wichtig es ist, wertvolle Inhalte zu schaffen, die potenzielle Teilnehmer anziehen.

Ein weiterer wichtiger Aspekt ist die Suchmaschinenoptimierung (SEO). Die Optimierung der Kursinhalte für Suchmaschinen erhöht die Sichtbarkeit und Reichweite. Durch die Verwendung relevanter Keywords, die Erstellung ansprechender Meta-Beschreibungen und die Verbesserung der Benutzererfahrung auf der Kursplattform können Anbieter sicherstellen, dass ihre Kurse in den Suchergebnissen höher eingestuft werden. Laut einer Studie von Moz aus dem Jahr 2023 generieren die ersten drei Suchergebnisse 75 % der gesamten Klicks. Daher ist eine durchdachte SEO-Strategie unerlässlich.

Zusätzlich sollten Anbieter in Betracht ziehen, Partnerschaften mit Influencern oder anderen Bildungseinrichtungen einzugehen. Influencer-Marketing hat sich als äußerst effektiv erwiesen, um neue Zielgruppen zu erreichen. Eine Umfrage von Influencer Marketing Hub aus dem Jahr 2024 ergab, dass 93 % der Marketer, die mit Influencern zusammenarbeiten, von den positiven Ergebnissen überzeugt sind. Durch die Zusammenarbeit mit Influencern, die bereits das Vertrauen ihrer Follower genießen, können Kursanbieter ihre Reichweite erheblich erhöhen.

Ein weiterer Ansatz zur Vermarktung von Online-Kursen ist die Durchführung von kostenlosen Webinaren oder Schnupperkursen. Diese Formate bieten potenziellen Teilnehmern die Möglichkeit, einen Einblick in die Kursinhalte zu erhalten und die Lehrmethoden kennenzulernen. Laut einer Studie von GoToWebinar aus dem Jahr 2023 sind 73 % der Webinar-Teilnehmer bereit, nach einem kostenlosen Webinar einen kostenpflichtigen Kurs zu buchen. Dies zeigt, wie effektiv solche Formate sein können, um das Interesse zu steigern und die Conversion-Rate zu erhöhen.

Zusammenfassend lässt sich sagen, dass die Vermarktung von Online-Kursen eine vielschichtige Herausforderung darstellt, die eine Kombination verschiedener Strategien erfordert. Von der Zielgruppenanalyse über Social Media und Content-Marketing bis hin zu SEO und Influencer-Kooperationen – jede Strategie spielt eine wichtige Rolle im Gesamtbild. In einer Zeit, in der digitale Bildungsangebote zunehmend an Bedeutung gewinnen, ist es entscheidend, innovative und zielgerichtete Vermarktungsansätze zu verfolgen. Im nächsten Kapitel werden wir uns mit den Herausforderungen und Chancen des Freelancings im digitalen Zeitalter auseinandersetzen und untersuchen, wie man diese für sich nutzen kann.

# 8
## Freelancing im digitalen Zeitalter

### 8.1 Auswahl der richtigen Nische

Die Wahl der passenden Nische ist ein entscheidender Faktor für den Erfolg im Freelancing. In einer dynamischen digitalen Welt, die sich ständig weiterentwickelt, ist es unerlässlich, ein spezifisches Segment zu identifizieren, das sowohl den eigenen Interessen entspricht als auch ein vielversprechendes Marktpotenzial bietet. Eine sorgfältig ausgewählte Nische kann den entscheidenden Unterschied zwischen einem florierenden und einem frustrierenden Nebeneinkommen ausmachen.

Der Prozess der Nischenauswahl beginnt mit einer gründlichen Analyse der eigenen Fähigkeiten und Interessen. Fragen wie "Was kann ich gut?" oder "Was begeistert mich?" sind hierbei von zentraler Bedeutung. Diese Selbstreflexion ermöglicht es nicht nur, die eigene Leidenschaft zu erkennen, sondern auch, eine authentische Verbindung zu potenziellen Kunden aufzubauen. Laut einer Umfrage von Statista (2023) gaben 67% der erfolgreichen Freelancer an, dass ihre Nische eng mit ihren persönlichen Interessen verknüpft ist. Dies verdeutlicht, dass Leidenschaft und Fachwissen Hand in Hand gehen können, um nachhaltigen Erfolg zu erzielen.

Ein weiterer wesentlicher Aspekt bei der Auswahl einer Nische ist die Marktforschung. Hierbei gilt es, Trends und Bedürfnisse der Zielgruppe zu identifizieren. Tools wie Google Trends oder die Analyse von Social-Media-Plattformen bieten wertvolle Einblicke in aktuelle Themen und Nachfrage. So hat die Fitnessbranche in den letzten Jahren einen signifikanten Anstieg an Online-Coaching-Diensten erlebt. Laut einer Studie von McKinsey (2024) stieg die Nachfrage nach digitalen Fitnessangeboten während der Pandemie um 40%, was zeigt, dass hier ein großes Potenzial für Freelancer besteht, die in diesem Bereich tätig werden möchten.

Die Entscheidung für eine Nische sollte jedoch nicht allein auf persönlichen Vorlieben basieren, sondern auch eine Wettbewerbsanalyse einschließen. Es ist wichtig, die Konkurrenz in der gewählten Nische zu verstehen: Wer sind die Hauptakteure? Welche Dienstleistungen bieten sie an? Und wie kann man sich von ihnen abheben? Eine SWOT-Analyse (Stärken, Schwächen, Chancen, Risiken) kann dabei helfen, die eigene Position im Markt zu bestimmen. So können Freelancer gezielt Strategien entwickeln, um sich von der Konkurrenz abzugrenzen.

Ein Beispiel aus der Kochbranche verdeutlicht dies: Während viele Köche traditionelle Kochkurse anbieten, haben einige erfolgreich Nischen wie vegane Küche oder internationale Kochkurse besetzt. Diese Spezialisierung ermöglicht es ihnen, gezielt eine bestimmte Zielgruppe anzusprechen und sich als Experten in ihrem Bereich zu positionieren. Laut einer Umfrage von Food & Wine (2023) sind 55% der Teilnehmer bereit, für spezialisierte Kochkurse mehr zu bezahlen, was die Relevanz einer klaren Nischenauswahl unterstreicht.

Darüber hinaus ist es wichtig, die langfristige Tragfähigkeit der gewählten Nische zu berücksichtigen. Trends kommen und gehen, und was heute populär ist, könnte morgen bereits überholt sein. Daher sollten Freelancer auch zukünftige Entwicklungen im Blick behalten. Branchenberichte und Marktanalysen sind nützliche Ressourcen, um fundierte Entscheidungen zu treffen. Ein Beispiel hierfür ist der Unterhaltungssektor, in dem Streaming-Dienste und digitale Inhalte zunehmend an Bedeutung gewinnen. Freelancer, die sich auf die Erstellung von Inhalten für diese Plattformen spezialisieren, können von diesem Wachstum profitieren.

Zusammenfassend lässt sich sagen, dass die Auswahl der richtigen Nische ein strategischer Prozess ist, der sowohl persönliche Interessen als auch Marktchancen berücksichtigt. Die Kombination aus Selbstreflexion, Marktforschung und Wettbewerbsanalyse bildet die Grundlage für eine erfolgreiche Nischenauswahl. Im nächsten Abschnitt werden wir uns mit der Kundenakquise und dem Networking beschäftigen, um zu zeigen, wie man die gewählte Nische effektiv monetarisiert und ein stabiles Einkommen generiert.

## 8.2 Kundenakquise und Netzwerken

Die Akquise neuer Kunden und das Networking sind wesentliche Faktoren für den Erfolg von Freelancern. In einer digitalen Arbeitswelt, in der die Konkurrenz oft groß ist, müssen Selbstständige proaktive Strategien entwickeln, um potenzielle Kunden zu gewinnen und langfristige Beziehungen aufzubauen. In diesem Abschnitt werden verschiedene Ansätze zur Kundenakquise und zum Networking vorgestellt und erläutert, wie diese in der Praxis umgesetzt werden können.

Ein zentraler Aspekt der Kundenakquise ist die Identifikation der Zielgruppe. Wer sind die Personen oder Unternehmen, die von den eigenen Dienstleistungen profitieren könnten? Um dies herauszufinden, ist eine gründliche Marktanalyse unerlässlich. Laut einer Studie von Statista aus dem Jahr 2023 haben 72% der erfolgreichen Freelancer ihre Zielgruppe klar definiert, was ihnen hilft, ihre Marketingstrategien gezielt auszurichten.

Eine effektive Methode zur Kundenakquise ist die Nutzung sozialer Medien. Plattformen wie LinkedIn, Instagram und Facebook bieten hervorragende Möglichkeiten, um Sichtbarkeit zu erlangen und mit potenziellen Kunden in Kontakt zu treten. Freelancer können durch regelmäßige Beiträge, die ihre Expertise unter Beweis stellen, Vertrauen aufbauen und sich als Autorität in ihrem Bereich positionieren. Eine Umfrage von HubSpot aus dem Jahr 2024 ergab, dass 54% der Befragten durch soziale Medien auf neue Dienstleister aufmerksam wurden.

Darüber hinaus ist Networking ein unverzichtbarer Bestandteil des Erfolgs im Freelancing. Der Aufbau eines starken Netzwerks kann nicht nur zu neuen Kunden führen, sondern auch wertvolle Kooperationen und Empfehlungen ermöglichen. Veranstaltungen wie Messen, Konferenzen oder lokale Meetups bieten Gelegenheiten, Gleichgesinnte zu treffen und Kontakte zu knüpfen. Laut einer Studie von Eventbrite aus dem Jahr 2023 gaben 65% der Teilnehmer an, dass sie durch Networking-Events neue Geschäftsmöglichkeiten gefunden haben.

Ein weiterer wichtiger Aspekt ist die Pflege bestehender Kundenbeziehungen. Zufriedene Kunden sind nicht nur eine Quelle für wiederkehrende Aufträge, sondern auch für Empfehlungen. Daher sollten Freelancer regelmäßig Feedback einholen und ihre Dienstleistungen kontinuierlich verbessern. Eine Untersuchung von Nielsen aus dem Jahr 2024 zeigt, dass 83% der Verbraucher bereit sind, Empfehlungen auszusprechen, wenn sie mit einem Dienstleister zufrieden sind.

Im Fitnessbereich beispielsweise können Trainer durch gezielte Social-Media-Kampagnen und Networking-Events neue Klienten gewinnen. Ein Personal Trainer könnte kostenlose Workshops anbieten, um seine Fähigkeiten zu demonstrieren und gleichzeitig Kontakte zu potenziellen Kunden zu knüpfen. Im Bereich Kochen könnte ein Koch durch das Teilen von Rezepten und Tipps auf Instagram eine treue Anhängerschaft aufbauen, die schließlich zu Aufträgen für Catering oder Kochkurse führt.

Im Unterhaltungssektor ist Networking oft noch entscheidender. Künstler, Musiker und Schauspieler müssen sich ständig vernetzen, um neue Projekte zu finden. Plattformen wie Stage 32 bieten eine Online-Community, in der Kreative sich austauschen und zusammenarbeiten können. Eine Umfrage von Stage 32 aus dem Jahr 2023 ergab, dass 78% der Mitglieder durch Networking neue berufliche Chancen erhalten haben.

Zusammenfassend lässt sich sagen, dass die Kundenakquise und das Netzwerken für Freelancer von entscheidender Bedeutung sind. Durch die gezielte Ansprache der richtigen Zielgruppe, die Nutzung sozialer Medien und den Aufbau eines starken Netzwerks können Freelancer ihre Erfolgschancen erheblich steigern. Im nächsten Abschnitt werden wir uns mit der Preisgestaltung und den Verhandlungstechniken beschäftigen, die ebenfalls essenziell für den Erfolg im Freelancing sind. Wie setzt man den Wert seiner Dienstleistungen angemessen fest und führt erfolgreiche Verhandlungen? Diese Fragen werden wir im Folgenden beantworten.

## 8.3 Preisgestaltung und Verhandlung

Die Preisgestaltung und die Fähigkeit zur Verhandlung sind entscheidend für den Erfolg im Freelancing. In den vorherigen Abschnitten haben wir die Bedeutung der richtigen Nischenwahl sowie der Kundenakquise und des Netzwerkens hervorgehoben. Diese Elemente sind eng miteinander verknüpft und bilden die Grundlage für eine erfolgreiche Preisgestaltung. Wenn Sie Ihre Dienstleistungen anbieten, ist es unerlässlich, den Wert, den Sie schaffen, klar zu kommunizieren und gleichzeitig realistische Preise festzulegen, die sowohl Ihre Fähigkeiten als auch die Marktbedingungen widerspiegeln.

Ein zentraler Aspekt der Preisgestaltung ist die Marktanalyse. Um wettbewerbsfähig zu bleiben, sollten Sie sich über die Preise in Ihrer Branche informieren. Laut einer Umfrage von Upwork aus dem Jahr 2023 verdienen Freelancer in den Bereichen Grafikdesign, Programmierung und Content Creation durchschnittlich zwischen 25 und 150 Euro pro Stunde, abhängig von Erfahrung und Spezialisierung. Diese Informationen helfen Ihnen, ein Gefühl dafür zu bekommen, wo Ihr Angebot im Vergleich zu anderen steht. Es ist wichtig, nicht nur Ihre Kosten zu decken, sondern auch einen Gewinn zu erzielen, der Ihre Investitionen in Zeit und Ressourcen berücksichtigt.

Eine effektive Preisstrategie kann verschiedene Ansätze umfassen. Eine Möglichkeit ist die stundenbasierte Abrechnung, die besonders in kreativen Berufen verbreitet ist. Hierbei ist es wichtig, Ihre Zeit realistisch einzuschätzen und gegebenenfalls Puffer für unvorhergesehene Umstände einzuplanen. Alternativ können Sie Pauschalpreise für bestimmte Projekte anbieten, was für Kunden oft attraktiver ist, da sie im Voraus wissen, welche Kosten auf sie zukommen. Diese Methode erfordert jedoch eine präzise Einschätzung des Arbeitsaufwands und der benötigten Ressourcen.

Die Verhandlung ist ein weiterer kritischer Punkt, der oft übersehen wird. Viele Freelancer scheuen sich davor, über Preise zu verhandeln, aus Angst, potenzielle Kunden zu verlieren. Dabei ist Verhandlung ein normaler Bestandteil des Geschäftslebens. Ein erfolgreicher Verhandlungsprozess beginnt mit einer klaren Vorstellung von Ihrem Wert und den Ergebnissen, die Sie liefern können. Sie sollten in der Lage sein, den Nutzen Ihrer Dienstleistungen zu kommunizieren und zu erläutern, warum Ihr Preis gerechtfertigt ist. Studien zeigen, dass gut vorbereitete Verhandlungen zu besseren Ergebnissen führen. Laut einer Untersuchung von Harvard Business Review aus dem Jahr 2024 haben Verhandler, die ihre Argumente klar und überzeugend präsentieren, eine um 30 Prozent höhere Erfolgsquote.

Ein Beispiel aus dem Fitnessbereich verdeutlicht die Bedeutung von Verhandlungsgeschick. Ein Personal Trainer, der seine Dienstleistungen zu einem höheren Preis anbietet, kann durch gezielte Kommunikation seiner Qualifikationen und Erfolge potenzielle Kunden überzeugen. Indem er seine Expertise und die positiven Ergebnisse, die seine Klienten erzielt haben, hervorhebt, kann er seinen Preis rechtfertigen und gleichzeitig den Wert seiner Dienstleistungen betonen.

Ein Anbieter, der für Veranstaltungen arbeitet, kann von einer strategischen Preisgestaltung profitieren. Durch das Angebot maßgeschneiderter Menüs und die Betonung der Qualität der Zutaten kann er seine Preise erhöhen. Die Fähigkeit, den Wert seiner Angebote zu vermitteln, ist entscheidend, um Kunden zu gewinnen, die bereit sind, für Qualität zu zahlen.

Im Unterhaltungssektor, beispielsweise bei Freelance-Schauspielern oder Musikern, ist die Preisgestaltung oft flexibler. Hier können Faktoren wie die Art der Veranstaltung, die Dauer des Auftritts und die Zielgruppe in die Preisgestaltung einfließen. Eine transparente Kommunikation über die Preisstruktur und die damit verbundenen Leistungen kann helfen, Missverständnisse zu vermeiden und Vertrauen aufzubauen.

Zusammenfassend lässt sich sagen, dass Preisgestaltung und Verhandlungskompetenzen wesentliche Elemente für den Erfolg im Freelancing sind. Eine fundierte Marktanalyse, das Verständnis des eigenen Wertes und die Fähigkeit, diesen effektiv zu kommunizieren, sind entscheidend. Die Praxis zeigt, dass Freelancer, die sich aktiv mit diesen Themen auseinandersetzen, nicht nur ihre Einnahmen steigern, sondern auch langfristige Kundenbeziehungen aufbauen können. Im nächsten Kapitel werden wir uns mit E-Commerce und Dropshipping beschäftigen, um weitere Möglichkeiten zur Einkommensgenerierung zu erkunden.

# 9
## E-Commerce und Dropshipping

### 9.1 Grundlagen des E-Commerce

In der heutigen digitalen Ära hat sich E-Commerce als eine der wichtigsten Methoden zur Einkommensgenerierung etabliert. Der Verkauf von physischen Produkten, digitalen Gütern und Dienstleistungen eröffnet nahezu unbegrenzte Möglichkeiten. Dieses Subkapitel bietet eine umfassende Einführung in die Grundlagen des E-Commerce und erläutert, wie diese Konzepte praktisch umgesetzt werden können. Die Relevanz des Themas wird durch die kontinuierlich steigende Zahl an Online-Käufern unterstrichen: Laut einer Studie von Statista aus dem Jahr 2023 wird der weltweite E-Commerce-Umsatz bis 2025 voraussichtlich 7,4 Billionen US-Dollar erreichen.

E-Commerce umfasst verschiedene Geschäftsmodelle, die es Unternehmen und Einzelpersonen ermöglichen, Produkte und Dienstleistungen über das Internet anzubieten. Zu den bekanntesten Formen zählen Online-Shops, Marktplätze und Dropshipping. Ein Online-Shop ist eine eigene Plattform, auf der Verkäufer ihre Produkte direkt an Verbraucher vertreiben. Marktplätze wie Amazon oder eBay hingegen bieten mehreren Verkäufern die Möglichkeit, ihre Waren anzubieten. Dropshipping ist ein Geschäftsmodell, bei dem der Verkäufer keine eigenen Lagerbestände führt; stattdessen werden die Produkte direkt vom Hersteller oder Großhändler an den Endkunden versendet.

Die Vorteile des E-Commerce sind vielfältig. Zum einen ermöglicht er eine enorme Reichweite: Unternehmen können Kunden weltweit ansprechen, ohne physische Geschäfte betreiben zu müssen. Zum anderen bieten digitale Verkaufsplattformen oft geringere Betriebskosten im Vergleich zu traditionellen Ladengeschäften. Eine Umfrage von Shopify aus dem Jahr 2023 ergab, dass 67 % der Befragten angaben, durch den Einstieg in den E-Commerce ihre Geschäftskosten signifikant gesenkt zu haben.

Ein weiterer entscheidender Aspekt des E-Commerce ist die Flexibilität. Unternehmer können ihre Geschäfte von überall aus führen, solange sie Zugang zum Internet haben. Diese Flexibilität wurde besonders während der COVID-19-Pandemie deutlich, als viele stationäre Geschäfte schließen mussten und Unternehmen gezwungen waren, schnell auf digitale Verkaufsstrategien umzusteigen. Eine Untersuchung von McKinsey aus dem Jahr 2022 zeigte, dass 75 % der Unternehmen, die während der Pandemie in den E-Commerce eingestiegen sind, planen, ihre Online-Präsenz auch nach der Krise beizubehalten.

Um im E-Commerce erfolgreich zu sein, ist es wichtig, die verschiedenen Arten von E-Commerce-Modellen zu verstehen und die passende Strategie für das eigene Geschäft zu wählen. Online-Shops bieten die Möglichkeit, eine Marke aufzubauen und die Kontrolle über das Kundenerlebnis zu behalten. Im Gegensatz dazu ermöglichen Marktplätze eine schnellere Markteinführung und den Zugang zu einem bereits bestehenden Kundenstamm. Dropshipping kann eine kostengünstige Möglichkeit sein, in den E-Commerce einzusteigen, da keine großen Investitionen in Lagerbestände erforderlich sind.

Die Wahl des richtigen Modells hängt von verschiedenen Faktoren ab, darunter das Produktangebot, die Zielgruppe und die verfügbaren Ressourcen. Es empfiehlt sich, eine Marktanalyse durchzuführen, um die Bedürfnisse potenzieller Kunden zu verstehen und die Konkurrenz zu analysieren. Eine solche Analyse kann helfen, die Stärken und Schwächen der eigenen Geschäftsidee zu identifizieren und geeignete Marketingstrategien zu entwickeln.

Im weiteren Verlauf dieses Kapitels werden wir uns eingehender mit den spezifischen Aspekten des Dropshippings befassen und untersuchen, wie man dieses Geschäftsmodell effektiv nutzen kann, um ein Nebeneinkommen zu generieren. Zudem werden wir die verschiedenen Marketingstrategien beleuchten, die für den Erfolg im E-Commerce unerlässlich sind. Es ist wichtig zu erkennen, dass E-Commerce nicht nur eine Möglichkeit ist, Produkte zu verkaufen, sondern auch eine Plattform, um Beziehungen zu Kunden aufzubauen und wertvolle Daten zu sammeln, die zur Verbesserung des Angebots genutzt werden können.

Zusammenfassend lässt sich sagen, dass E-Commerce eine dynamische und sich ständig weiterentwickelnde Branche ist, die zahlreiche Chancen zur Einkommensgenerierung bietet. Die Fähigkeit, sich an neue Trends und Technologien anzupassen, wird entscheidend sein, um im digitalen Zeitalter erfolgreich zu sein. Im nächsten Subkapitel werden wir uns mit den verschiedenen Dropshipping-Modellen beschäftigen und deren Anwendungsmöglichkeiten näher betrachten.

## 9.2 Dropshipping-Modelle verstehen

In der dynamischen Welt des E-Commerce hat sich das Dropshipping als eine der vielversprechendsten Methoden zur Einkommensgenerierung etabliert. Diese flexible und zugängliche Verkaufsstrategie ermöglicht es Unternehmern, Produkte anzubieten, ohne sie physisch auf Lager zu halten. In diesem Abschnitt werden wir die verschiedenen Dropshipping-Modelle untersuchen und deren praktische Anwendungen in unterschiedlichen Branchen analysieren.

Das Dropshipping-Modell funktioniert so, dass der Versand direkt vom Lieferanten an den Endkunden erfolgt. Dadurch entfallen die Kosten für Lagerhaltung und das Risiko von Überbeständen. Laut einer Studie von Statista aus dem Jahr 2023 wird der globale Dropshipping-Markt bis 2026 voraussichtlich einen Wert von 557,9 Milliarden Euro erreichen, was die wachsende Beliebtheit dieses Geschäftsmodells verdeutlicht.

Es existieren verschiedene Dropshipping-Modelle, die je nach Branche und Zielgruppe variieren. Ein häufiges Modell ist das Nischen-Dropshipping, bei dem Händler sich auf eine spezifische Produktkategorie konzentrieren. Im Fitnessbereich könnten Anbieter beispielsweise spezielle Trainingsgeräte oder Nahrungsergänzungsmittel vertreiben. Ein aktuelles Beispiel ist ein Unternehmen, das umweltfreundliche Fitnessprodukte anbietet und damit eine Zielgruppe anspricht, die Wert auf Nachhaltigkeit legt.

Ein weiteres Modell ist das Generalist-Dropshipping, bei dem Händler eine breite Palette von Produkten anbieten. Diese Strategie kann besonders vorteilhaft sein, um unterschiedliche Zielgruppen anzusprechen und saisonale Trends auszunutzen. Ein Beispiel hierfür ist ein Online-Shop, der von Mode über Elektronik bis hin zu Haushaltswaren alles im Sortiment hat. Die Herausforderung besteht darin, die Qualität der Produkte und den Kundenservice sicherzustellen, da die Markenidentität oft von der Auswahl der Lieferanten abhängt.

Zusätzlich gibt es das Print-on-Demand-Dropshipping, das vor allem im kreativen Bereich Anwendung findet. Künstler und Designer können ihre eigenen Designs auf Produkte wie T-Shirts, Tassen oder Poster drucken lassen, ohne in Vorabproduktion investieren zu müssen. Laut einer Umfrage von Printful aus dem Jahr 2024 nutzen bereits 30% der kreativen Unternehmer diese Methode, um ihre Marken zu etablieren und gleichzeitig die Produktionskosten niedrig zu halten.

Die Wahl des richtigen Dropshipping-Modells hängt stark von den individuellen Zielen und der Zielgruppe ab. Es ist entscheidend, Marktforschung zu betreiben und die Bedürfnisse der potenziellen Kunden zu verstehen. Eine Analyse von Shopify zeigt, dass 70% der erfolgreichen Dropshipping-Unternehmen eine klare Nischenstrategie verfolgen, während 30% als Generalisten agieren. Diese Daten verdeutlichen, dass eine fokussierte Herangehensweise oft zu höheren Erfolgsquoten führt.

Um im Dropshipping erfolgreich zu sein, ist es unerlässlich, effektive Marketingstrategien zu entwickeln. Social Media Marketing, Influencer-Kooperationen und Suchmaschinenoptimierung sind einige der Schlüsselstrategien, die genutzt werden können, um Sichtbarkeit und Umsatz zu steigern. Eine Studie von HubSpot aus dem Jahr 2023 hat gezeigt, dass Unternehmen, die Social Media effektiv nutzen, im Durchschnitt 32% mehr Umsatz generieren als solche, die dies nicht tun.

Zusammenfassend lässt sich sagen, dass das Dropshipping-Modell eine attraktive Möglichkeit zur Einkommensgenerierung im E-Commerce darstellt. Durch die Wahl des passenden Modells und die Implementierung gezielter Marketingstrategien können Unternehmer erfolgreich in diesem dynamischen Markt agieren. Im nächsten Abschnitt werden wir uns mit den Marketingstrategien für E-Commerce befassen und untersuchen, wie man diese effektiv umsetzen kann, um das volle Potenzial des Dropshipping auszuschöpfen.

## 9.3 Marketingstrategien für E-Commerce

Im E-Commerce sind durchdachte Marketingstrategien der Schlüssel zum Erfolg. In den vorherigen Kapiteln haben wir die Grundlagen des E-Commerce sowie verschiedene Dropshipping-Modelle behandelt. Diese Erkenntnisse dienen als Fundament für die Entwicklung effektiver Marketingstrategien, die es ermöglichen, Produkte erfolgreich zu vermarkten und ein stabiles Nebeneinkommen zu generieren. In diesem Subkapitel werden wir verschiedene Marketingstrategien untersuchen und deren praktische Anwendung in unterschiedlichen Branchen, wie Fitness, Kochen und Unterhaltung, erörtern.

Eine der grundlegendsten Marketingstrategien im E-Commerce ist die Suchmaschinenoptimierung (SEO). SEO hat das Ziel, die Sichtbarkeit einer Website in den organischen Suchergebnissen von Suchmaschinen zu erhöhen. Laut einer Studie von HubSpot aus dem Jahr 2023 erzielen Unternehmen, die in SEO investieren, durchschnittlich eine Conversion-Rate von 14,6 %, während bezahlte Werbung lediglich eine Conversion-Rate von 1,7 % erreicht. Dies verdeutlicht die Bedeutung der Identifizierung relevanter Keywords und der Erstellung von Inhalten, die sowohl für Suchmaschinen als auch für die Zielgruppe ansprechend sind.

Ein weiterer zentraler Aspekt ist das Content-Marketing. Hierbei handelt es sich um die Erstellung und Verbreitung wertvoller Inhalte, um potenzielle Kunden anzuziehen und langfristig zu binden. Ein Beispiel hierfür ist ein Fitnessblog, der regelmäßig Artikel über Trainingspläne, Ernährungstipps und Erfolgsgeschichten veröffentlicht. Laut einer Umfrage des Content Marketing Institute aus dem Jahr 2024 gaben 70 % der Befragten an, dass sie durch informative Inhalte eher bereit sind, ein Produkt zu kaufen. Dies zeigt, dass Content-Marketing nicht nur zur Markenbildung beiträgt, sondern auch direkt den Umsatz steigern kann.

Social Media Marketing stellt eine weitere zentrale Strategie im E-Commerce dar. Plattformen wie Instagram, Facebook und TikTok bieten Unternehmen die Möglichkeit, direkt mit ihrer Zielgruppe zu interagieren und ihre Produkte visuell zu präsentieren. Eine Studie von Sprout Social aus dem Jahr 2023 ergab, dass 54 % der Nutzer soziale Medien nutzen, um Produkte zu entdecken. Durch gezielte Werbekampagnen und Kooperationen mit Influencern können Unternehmen ihre Reichweite erheblich erhöhen und neue Kunden gewinnen.

Im E-Commerce spielt auch das E-Mail-Marketing eine bedeutende Rolle. Laut einer Studie von Campaign Monitor aus dem Jahr 2024 erzielen E-Mail-Kampagnen eine durchschnittliche Rendite von 4400 %. Damit zählt E-Mail-Marketing zu den kosteneffektivsten Marketingstrategien. Unternehmen sollten personalisierte E-Mails versenden, um ihre Kunden über neue Produkte, Sonderangebote und relevante Inhalte zu informieren. Die Segmentierung der E-Mail-Listen ermöglicht es, gezielte Nachrichten an spezifische Kundengruppen zu senden, was die Wahrscheinlichkeit erhöht, dass diese auf die Angebote reagieren.

Darüber hinaus ist Affiliate-Marketing eine bedeutende Strategie im E-Commerce. Dabei arbeiten Unternehmen mit Partnern zusammen, die ihre Produkte bewerben und im Gegenzug eine Provision für jeden Verkauf erhalten. Laut einer Studie von Rakuten Marketing aus dem Jahr 2023 gaben 81 % der Vermarkter an, dass Affiliate-Marketing eine wichtige Strategie für ihr Geschäft darstellt. Diese Methode ermöglicht es Unternehmen, ihre Reichweite zu vergrößern und gleichzeitig die Kosten für Werbung zu minimieren.

Ein wachsender Trend im E-Commerce ist die Nutzung von Künstlicher Intelligenz (KI) zur Personalisierung von Marketingmaßnahmen. KI-gestützte Tools können Daten analysieren und personalisierte Produktempfehlungen erstellen, die auf dem Verhalten und den Vorlieben der Kunden basieren. Laut einer Studie von McKinsey aus dem Jahr 2024 können Unternehmen, die KI für personalisierte Marketingstrategien einsetzen, ihre Umsätze um bis zu 30 % steigern. Dies unterstreicht die Notwendigkeit, technologische Entwicklungen zu nutzen, um wettbewerbsfähig zu bleiben.

Zusammenfassend lässt sich sagen, dass die Wahl der richtigen Marketingstrategien entscheidend für den Erfolg im E-Commerce ist. Unternehmen sollten eine Kombination aus SEO, Content-Marketing, Social Media Marketing, E-Mail-Marketing, Affiliate-Marketing und KI-gestützter Personalisierung nutzen, um ihre Zielgruppe effektiv zu erreichen und ihre Umsätze zu steigern. In den kommenden Kapiteln werden wir uns mit weiteren Aspekten des E-Commerce beschäftigen und untersuchen, wie diese Strategien in der Praxis umgesetzt werden können, um ein nachhaltiges Nebeneinkommen zu generieren.

# 10
## Blogging als Einkommensquelle

### 10.1 Blog-Themen und Zielgruppen

Die Wahl der richtigen Blog-Themen und Zielgruppen ist entscheidend für den Erfolg eines Blogs. In einer digitalen Welt, in der Inhalte im Sekundentakt konsumiert werden, ist es unerlässlich, sich von der Konkurrenz abzuheben. Ein gut konzipierter Blog kann nicht nur als Plattform zur Meinungsäußerung dienen, sondern auch als lukrative Einkommensquelle fungieren. Um dies zu erreichen, müssen Blogger strategisch vorgehen, indem sie relevante Themen auswählen und ihre Zielgruppe präzise definieren.

Der erste Schritt besteht darin, die Interessen und Bedürfnisse potenzieller Leser zu verstehen. Eine gründliche Marktanalyse hilft dabei, herauszufinden, welche Themen derzeit im Trend liegen und welche Fragen oder Probleme die Zielgruppe beschäftigen. Laut einer Umfrage von HubSpot aus dem Jahr 2023 gaben 70 % der Befragten an, regelmäßig Blogs zu lesen, um Lösungen für spezifische Probleme zu finden. Dies verdeutlicht, dass informative und hilfreiche Inhalte nach wie vor gefragt sind.

Ein Beispiel für ein erfolgreiches Blog-Thema ist der Fitnessbereich. Hier können Blogger verschiedene Aspekte beleuchten, von Ernährungstipps über Trainingspläne bis hin zu mentaler Gesundheit. Die Zielgruppe reicht von Fitness-Anfängern bis hin zu erfahrenen Sportlern, die nach neuen Herausforderungen suchen. Indem Inhalte erstellt werden, die auf die unterschiedlichen Bedürfnisse dieser Gruppen eingehen, lässt sich eine treue Leserschaft aufbauen und gleichzeitig die Sichtbarkeit des Blogs erhöhen.

Ein weiteres Beispiel findet sich im Bereich Kochen. Food-Blogger haben die Möglichkeit, ihre Leidenschaft für das Kochen mit einer breiten Zielgruppe zu teilen. Sie können sich auf spezielle Diäten konzentrieren, wie vegane oder glutenfreie Rezepte, oder regionale Küche vorstellen. Die Vielfalt der Themen im Kochbereich ermöglicht es, unterschiedliche Zielgruppen anzusprechen, von Hobbyköchen bis hin zu professionellen Küchenchefs. Die richtige Ansprache und das Verständnis der Zielgruppe sind hier entscheidend, um die Leserbindung zu stärken.

Im Unterhaltungssektor gibt es ebenfalls zahlreiche Möglichkeiten. Blogger können über Filme, Serien, Musik oder Bücher schreiben und dabei verschiedene Zielgruppen ansprechen. Ein Filmblog könnte beispielsweise aktuelle Rezensionen und Analysen zu neuen Kinofilmen bieten, während ein Buchblog sich auf Literaturkritiken und Lesetipps konzentrieren könnte. Die Wahl des Themas sollte stets im Einklang mit den Interessen der Zielgruppe stehen, um eine authentische Verbindung aufzubauen.

Die Identifikation der Zielgruppe beschränkt sich jedoch nicht nur auf demografische Merkmale. Auch psychografische Faktoren wie Lebensstil, Werte und Interessen spielen eine entscheidende Rolle. Ein tiefes Verständnis der Zielgruppe ermöglicht es Bloggern, Inhalte zu erstellen, die nicht nur informativ, sondern auch emotional ansprechend sind. Laut einer Studie von Nielsen aus dem Jahr 2024 bevorzugen 65 % der Verbraucher Marken, die ihre Werte teilen und authentische Geschichten erzählen.

Um die Themenauswahl und Zielgruppendefinition in der Praxis anzuwenden, empfiehlt es sich, regelmäßig Feedback von den Lesern einzuholen. Umfragen oder Kommentare können wertvolle Einblicke in die Wünsche und Bedürfnisse der Zielgruppe geben. Zudem sollten Blogger aktuelle Trends und Entwicklungen in ihrem Themenbereich beobachten, um ihre Inhalte stets relevant zu halten. Die Nutzung von Tools wie Google Trends oder Social Media Analytics kann hierbei hilfreich sein, um herauszufinden, welche Themen gerade angesagt sind.

Zusammenfassend lässt sich sagen, dass die Auswahl der richtigen Blog-Themen und Zielgruppen eine fundamentale Grundlage für den Erfolg im Blogging darstellt. Durch eine gezielte Analyse der Interessen und Bedürfnisse der Leser können Blogger Inhalte erstellen, die nicht nur informieren, sondern auch begeistern. Im nächsten Abschnitt werden wir uns mit der Monetarisierung von Blogs durch Werbung beschäftigen und aufzeigen, wie man diese Strategie effektiv umsetzen kann.

## 10.2 Monetarisierung durch Werbung

Die Monetarisierung durch Werbung zählt zu den effektivsten Methoden, um im Blogging ein Einkommen zu generieren. In den vorherigen Abschnitten haben wir die Grundlagen für die Auswahl von Blog-Themen und Zielgruppen behandelt, was uns hilft, die Bedeutung einer engagierten Leserschaft zu erkennen. Jetzt wollen wir die verschiedenen Möglichkeiten der Werbemonetarisierung näher betrachten und deren praktische Anwendung erläutern.

In den letzten Jahren hat sich die Werbung im Internet stark weiterentwickelt. Eine Studie von Statista aus dem Jahr 2023 prognostiziert, dass der globale Umsatz mit digitaler Werbung bis 2024 die Marke von 500 Milliarden Euro überschreiten wird. Diese Zahlen verdeutlichen nicht nur das Wachstum des Marktes, sondern auch die wachsende Relevanz für Blogger, die ihre Inhalte monetarisieren möchten. Zu den gängigsten Werbeformen zählen Display-Anzeigen, gesponserte Beiträge und Affiliate-Marketing.

Display-Anzeigen stellen eine der einfachsten Möglichkeiten dar, Einnahmen zu erzielen. Diese Anzeigen erscheinen auf Ihrer Website und können über Plattformen wie Google AdSense geschaltet werden. Blogger erhalten eine Vergütung, die auf Klicks oder Impressionen basiert. Ein Beispiel ist ein Fitnessblog, der Banneranzeigen für Sportbekleidung oder Nahrungsergänzungsmittel schaltet. Laut einer Umfrage von eMarketer im Jahr 2023 verdienen Blogs, die Display-Werbung nutzen, im Durchschnitt zwischen 200 und 1.000 Euro pro Monat, abhängig von der Reichweite und dem Engagement ihrer Leser.

Gesponserte Beiträge bieten eine weitere lukrative Möglichkeit zur Monetarisierung. Hierbei arbeiten Blogger direkt mit Marken zusammen, um Inhalte zu erstellen, die deren Produkte oder Dienstleistungen bewerben. Diese Art der Werbung erfordert jedoch ein gewisses Maß an Glaubwürdigkeit und Vertrauen seitens der Leserschaft. Ein Beispiel könnte ein Kochblog sein, das ein Rezept mit einem bestimmten Küchengerät verknüpft, das von einem Hersteller gesponsert wird. Laut einer Umfrage von Influencer Marketing Hub aus dem Jahr 2023 geben 70% der Marken an, dass sie bereit sind, für gesponserte Inhalte zu zahlen, was zeigt, dass dies eine vielversprechende Einkommensquelle für Blogger darstellen kann.

Affiliate-Marketing ist eine bewährte Methode zur Monetarisierung, bei der Blogger Produkte oder Dienstleistungen empfehlen und eine Provision für jeden Verkauf erhalten, der über einen speziellen Link erfolgt. Diese Strategie hat sich in vielen Branchen als erfolgreich erwiesen, insbesondere in den Bereichen Mode, Technologie und Fitness. Eine Studie von Rakuten Marketing aus dem Jahr 2023 zeigt, dass Affiliate-Marketing für 15% der gesamten Online-Verkäufe verantwortlich ist. Ein Beispiel wäre ein Technikblog, das Gadgets empfiehlt und dabei Affiliate-Links zu den Verkaufsseiten einfügt. So können Blogger ein passives Einkommen generieren, während sie ihren Lesern wertvolle Empfehlungen geben.

Die Wahl der richtigen Monetarisierungsstrategie hängt stark von der Nische und der Zielgruppe ab. Es ist entscheidend, die Interessen der Leser zu berücksichtigen und sicherzustellen, dass die Werbung nicht aufdringlich wirkt. Ein gut geplanter Ansatz kann dazu führen, dass die Leser die Werbung als nützlich empfinden, was wiederum die Klickrate und die Einnahmen steigert. Laut einer Umfrage von HubSpot aus dem Jahr 2023 gaben 63% der Leser an, dass sie gesponserte Inhalte als akzeptabel empfinden, solange diese transparent gekennzeichnet sind.

Ein weiterer wichtiger Aspekt ist die Analyse der Werbewirkung. Tools wie Google Analytics bieten wertvolle Einblicke in das Nutzerverhalten und helfen dabei, die Effektivität von Werbemaßnahmen zu messen. Durch die Überwachung der Performance ihrer Anzeigen und gesponserten Inhalte können Blogger ihre Strategien optimieren und gezielt auf die Bedürfnisse ihrer Leser eingehen. Eine Analyse von WordStream aus dem Jahr 2023 zeigt, dass Blogs, die regelmäßig ihre Werbestrategien anpassen, ihre Einnahmen um bis zu 30% steigern können.

Zusammenfassend lässt sich sagen, dass die Monetarisierung durch Werbung eine vielversprechende Einkommensquelle für Blogger darstellt. Durch die Kombination verschiedener Werbeformen und die Berücksichtigung der Interessen der Zielgruppe können Blogger nicht nur ihre Einnahmen maximieren, sondern auch eine vertrauensvolle Beziehung zu ihren Lesern aufbauen. Im nächsten Subkapitel werden wir uns mit SEO-Strategien für Blogs beschäftigen, die entscheidend dafür sind, die Sichtbarkeit und Reichweite der Inhalte zu erhöhen und somit die Monetarisierungschancen weiter zu verbessern.

## 10.3 SEO-Strategien für Blogs

In der heutigen digitalen Landschaft ist die Sichtbarkeit eines Blogs von entscheidender Bedeutung für seinen Erfolg. Suchmaschinenoptimierung (SEO) spielt dabei eine zentrale Rolle, da sie sicherstellt, dass Inhalte von den richtigen Zielgruppen gefunden werden. In diesem Abschnitt beleuchten wir die wichtigsten SEO-Strategien und deren praktische Anwendung in verschiedenen Branchen, darunter Fitness, Kochen und Unterhaltung.

Ein zentrales Element jeder SEO-Strategie ist die Keyword-Recherche. Die Auswahl geeigneter Keywords ist entscheidend, um sicherzustellen, dass der Blog in den Suchergebnissen gut platziert wird. Tools wie der Google Keyword Planner oder Ubersuggest unterstützen Blogger dabei, relevante Keywords zu identifizieren, die potenzielle Leser verwenden könnten. Beispielsweise könnte ein Fitnessblog gezielt Keywords wie "Gesunde Rezepte" oder "Workout-Routinen für Anfänger" anvisieren, um Leser anzusprechen, die nach diesen Informationen suchen.

Ein weiterer wichtiger Aspekt ist die On-Page-Optimierung. Hierbei geht es darum, die Struktur und den Inhalt des Blogs so zu gestalten, dass sie sowohl für Suchmaschinen als auch für Leser ansprechend sind. Dazu gehört die Verwendung von Überschriften (H1, H2, H3), die Einbindung interner und externer Links sowie die Optimierung von Meta-Tags. Eine klare Struktur erleichtert es Suchmaschinen, den Inhalt zu indexieren, während gut platzierte Links den Lesern helfen, verwandte Themen zu entdecken. Ein Beispiel aus dem Kochbereich könnte ein Blog über gesunde Ernährung sein, der nicht nur Rezepte präsentiert, sondern auch auf wissenschaftliche Studien verlinkt, die die Vorteile bestimmter Zutaten belegen.

Die Ladegeschwindigkeit einer Webseite ist ein weiterer kritischer Faktor für SEO. Studien zeigen, dass Nutzer Webseiten, die länger als drei Sekunden zum Laden benötigen, häufig verlassen. Daher sollten Blogger sicherstellen, dass ihre Seiten schnell laden, indem sie Bilder komprimieren, unnötige Plugins entfernen und einen zuverlässigen Hosting-Anbieter wählen. Im Unterhaltungssektor, wo visuelle Inhalte oft dominieren, ist dies besonders wichtig, um die Nutzererfahrung zu optimieren und die Absprungrate zu minimieren.

Content-Marketing ist ein weiterer Schlüssel zur Verbesserung der SEO. Hochwertige, relevante Inhalte ziehen nicht nur Leser an, sondern fördern auch Backlinks von anderen Webseiten, was die Autorität des Blogs erhöht. Ein Fitnessblog könnte beispielsweise regelmäßig Artikel über aktuelle Trends im Sport oder Interviews mit Experten veröffentlichen, um sich als vertrauenswürdige Informationsquelle zu etablieren. Solche Inhalte erhöhen die Wahrscheinlichkeit, dass andere Webseiten auf den Blog verlinken, was wiederum die Sichtbarkeit in Suchmaschinen verbessert.

Social Media spielt ebenfalls eine bedeutende Rolle in der SEO-Strategie. Durch die Verbreitung von Blog-Inhalten über Plattformen wie Instagram, Facebook oder Twitter können Blogger ihre Reichweite erhöhen und mehr Traffic auf ihre Webseite lenken. Ein Beispiel aus dem Kochbereich könnte sein, dass ein Blogger kurze Videos von Rezepten auf TikTok teilt, um jüngere Zielgruppen anzusprechen und sie auf den vollständigen Blogbeitrag zu lenken. Diese Art der Interaktion fördert nicht nur die Sichtbarkeit, sondern kann auch das Engagement der Leser erhöhen.

Schließlich ist die Analyse der Ergebnisse unerlässlich, um die Effektivität der SEO-Strategien zu bewerten. Tools wie Google Analytics bieten wertvolle Einblicke in das Nutzerverhalten, die Herkunft des Traffics und die beliebtesten Inhalte. Durch die regelmäßige Überprüfung dieser Daten können Blogger ihre Strategien anpassen und optimieren. Ein Fitnessblog könnte beispielsweise feststellen, dass bestimmte Themen wie "Home-Workouts" besonders gut ankommen, und darauf basierend mehr Inhalte in diesem Bereich erstellen.

Zusammenfassend lässt sich sagen, dass SEO-Strategien für Blogs von entscheidender Bedeutung sind, um Sichtbarkeit und Reichweite zu erhöhen. Durch die Kombination von Keyword-Recherche, On-Page-Optimierung, schneller Ladegeschwindigkeit, hochwertigem Content, Social Media und kontinuierlicher Analyse können Blogger ihre Chancen auf Erfolg erheblich steigern. Diese Strategien sind nicht nur für den Fitnessbereich, das Kochen oder den Unterhaltungssektor relevant, sondern können auf nahezu jede Branche angewendet werden. Indem man diese Prinzipien befolgt, wird es möglich, ein nachhaltiges Nebeneinkommen durch Blogging zu generieren und die eigene digitale Präsenz zu stärken.

# 11
## Die Rolle von Podcasts im Nebeneinkommen

### 11.1 Podcast-Ideen und Formate

Podcasts haben sich in der heutigen digitalen Landschaft zu einem beliebten Medium entwickelt, das weit über bloße Unterhaltung hinausgeht. Sie bieten eine Plattform für Bildung, Inspiration und anregende Diskussionen. Die Wahl der richtigen Podcast-Ideen und -Formate ist entscheidend für den Erfolg eines Podcasts. In diesem Abschnitt werden wir die verschiedenen Ansätze zur Auswahl von Podcast-Ideen und -Formaten untersuchen und deren praktische Anwendung erläutern.

Podcasts können in einer Vielzahl von Formaten präsentiert werden, darunter Interviews, Erzählungen, Diskussionen oder dokumentarische Stile. Jedes Format hat seine eigenen Stärken und kann je nach Zielgruppe und Themenbereich unterschiedlich effektiv sein. So ermöglicht beispielsweise das Interviewformat, Expertenmeinungen einzuholen und verschiedene Perspektiven zu einem Thema zu beleuchten. Dies ist besonders im Bildungsbereich von Vorteil, wo Fachwissen und persönliche Erfahrungen der Gäste den Zuhörern wertvolle Einblicke bieten.

Ein weiteres beliebtes Format sind Erzähl-Podcasts, die Geschichten erzählen oder Themen auf unterhaltsame Weise aufbereiten. Diese Art von Podcast kann besonders fesselnd sein, da sie Emotionen weckt und die Zuhörer auf eine Reise mitnimmt. Im Fitnessbereich könnten solche Podcasts beispielsweise Geschichten von Menschen präsentieren, die ihre Gesundheitsziele erreicht haben, was sowohl motivierend als auch inspirierend wirkt.

Die Wahl des Formats sollte jedoch nicht nur von persönlichen Vorlieben abhängen, sondern auch von der Zielgruppe. Eine gründliche Analyse der potenziellen Zuhörer ist unerlässlich. Wer sind sie? Was interessiert sie? Welche Herausforderungen möchten sie bewältigen? Diese Fragen helfen dabei, Inhalte zu entwickeln, die auf die Bedürfnisse der Zuhörer zugeschnitten sind. So könnte ein Podcast über gesunde Ernährung beispielsweise Rezepte und Tipps für vielbeschäftigte Eltern anbieten, während ein anderer sich auf die neuesten Trends im Fitnessbereich konzentriert.

Ein weiterer wichtiger Aspekt bei der Auswahl von Podcast-Ideen ist die Nische. In einem überfüllten Markt ist es entscheidend, sich von der Konkurrenz abzuheben. Eine klare Nischenbestimmung kann helfen, eine treue Hörerschaft aufzubauen. Im Bereich Kochen könnte ein Podcast, der sich ausschließlich auf vegane Rezepte konzentriert, eine spezifische Zielgruppe ansprechen, die nach kreativen und gesunden Kochideen sucht. Solche spezialisierten Formate tragen dazu bei, eine engagierte Community zu schaffen, die regelmäßig zurückkehrt.

Darüber hinaus sollten Podcaster aktuelle Trends und Themen im Auge behalten. Die digitale Landschaft verändert sich ständig, und was heute populär ist, könnte morgen bereits veraltet sein. Das Verfolgen von Trends in sozialen Medien oder das Analysieren von Suchanfragen kann wertvolle Hinweise darauf geben, welche Themen bei den Zuhörern Anklang finden. Ein Podcast über digitale Nomaden könnte beispielsweise in Zeiten von Remote-Arbeit und flexiblen Arbeitsmodellen besonders relevant sein.

Die praktische Umsetzung dieser Ideen erfordert sorgfältige Planung und Organisation. Zunächst sollte ein klarer Redaktionsplan erstellt werden, der Themen, Gäste und Veröffentlichungszeitpunkte festlegt. Dies hilft nicht nur bei der Strukturierung der Inhalte, sondern sorgt auch dafür, dass die Produktion reibungslos verläuft. Tools wie Trello oder Asana können hierbei nützlich sein, um den Überblick zu behalten.

Ein weiterer Schritt in der praktischen Umsetzung ist die technische Ausstattung. Während viele Podcaster mit einfachen Aufnahmegeräten beginnen, kann die Investition in qualitativ hochwertiges Equipment langfristig zu besseren Ergebnissen führen. Klare Audioqualität ist entscheidend, um die Zuhörer nicht abzuschrecken. Zudem sollten Podcaster sich mit der Bearbeitung von Audioinhalten vertraut machen, um ein professionelles Endprodukt zu gewährleisten.

Zusammenfassend lässt sich sagen, dass die Auswahl der richtigen Podcast-Ideen und Formate ein wesentlicher Bestandteil des Erfolgs ist. Durch die Berücksichtigung der Zielgruppe, der Nische und aktueller Trends können Podcaster Inhalte schaffen, die sowohl ansprechend als auch relevant sind. Im nächsten Abschnitt werden wir uns mit den verschiedenen Monetarisierungsmöglichkeiten für Podcasts beschäftigen und aufzeigen, wie man aus diesen kreativen Projekten ein zusätzliches Einkommen generieren kann.

## 11.2 Monetarisierungsmöglichkeiten

Nachdem wir die Grundlagen der Podcast-Erstellung und die verschiedenen Formate behandelt haben, widmen wir uns nun einem zentralen Thema in der Welt der Podcasts: den Monetarisierungsmöglichkeiten. Für viele Podcaster ist es entscheidend, aus ihrer Leidenschaft ein Einkommen zu generieren, um diese in eine nachhaltige Einkommensquelle zu verwandeln. In diesem Abschnitt betrachten wir verschiedene Ansätze zur Monetarisierung von Podcasts und beleuchten bewährte Strategien sowie aktuelle Trends.

Eine der verbreitetsten Methoden zur Monetarisierung von Podcasts ist Werbung. Laut einer Studie von Edison Research (2023) empfinden 60% der Podcast-Hörer Werbung in Podcasts als weniger störend im Vergleich zu anderen Medien. Dies eröffnet Podcastern die Möglichkeit, durch Sponsoring und bezahlte Werbung Einnahmen zu erzielen. Werbepartner können entweder direkt angesprochen oder über Plattformen wie Podcorn gefunden werden, die Podcaster mit Marken vernetzen.

Ein weiterer vielversprechender Ansatz ist das Crowdfunding. Plattformen wie Patreon ermöglichen es Podcastern, ihre treuen Hörer um finanzielle Unterstützung zu bitten. Im Jahr 2024 haben über 1 Million Kreative Patreon genutzt, um monatliche Einnahmen zu generieren. Dies bietet nicht nur eine Einkommensquelle, sondern stärkt auch die Bindung zur Community, da Unterstützer häufig exklusive Inhalte oder Vorteile erhalten.

Zusätzlich zu Werbung und Crowdfunding können Podcaster eigene Produkte oder Dienstleistungen anbieten. Viele nutzen ihre Plattform, um Merchandise, Online-Kurse oder Beratungsdienste zu verkaufen. Ein Beispiel ist der Podcast "The Tim Ferriss Show", der seine Hörerschaft erfolgreich in Kunden für seine Bücher und Kurse umwandelt. Laut Forbes (2023) haben Podcaster, die ihre Inhalte mit eigenen Produkten verknüpfen, eine höhere Wahrscheinlichkeit, ein stabiles Einkommen zu erzielen.

Ein innovativer Ansatz zur Monetarisierung ist das Affiliate-Marketing. Podcaster können Produkte oder Dienstleistungen empfehlen und erhalten eine Provision für jeden Verkauf, der über ihren speziellen Link getätigt wird. Diese Methode hat sich als besonders effektiv erwiesen, da die Hörer oft den Empfehlungen ihrer Lieblings-Podcaster vertrauen. Eine Umfrage von Statista (2023) zeigt, dass 45% der Podcast-Hörer bereit sind, Produkte zu kaufen, die von ihren Lieblings-Podcastern empfohlen werden.

Um die Monetarisierungsmöglichkeiten weiter zu diversifizieren, können Podcaster auch Live-Events oder Webinare veranstalten. Diese Veranstaltungen bieten nicht nur eine Möglichkeit, zusätzliche Einnahmen zu generieren, sondern stärken auch die Verbindung zur Hörerschaft. Ein Beispiel ist der Podcast "My Favorite Murder", der regelmäßig Live-Shows veranstaltet und dabei hohe Ticketverkäufe erzielt. Laut Eventbrite (2023) haben Live-Events für Podcaster im letzten Jahr um 30% zugenommen, was die wachsende Nachfrage nach persönlichen Erlebnissen unterstreicht.

Die Wahl der richtigen Monetarisierungsstrategie hängt stark von der Zielgruppe und dem Inhalt des Podcasts ab. Es ist wichtig, die Vorlieben der Hörer zu verstehen und die Monetarisierungsmethoden entsprechend anzupassen. Eine Umfrage von Podcasts.com (2023) ergab, dass 70% der Hörer bereit sind, für qualitativ hochwertige Inhalte zu zahlen, was die Relevanz von Abonnements und exklusiven Inhalten unterstreicht.

Zusammenfassend lässt sich sagen, dass die Monetarisierung von Podcasts vielfältige Möglichkeiten bietet, die je nach Nische und Zielgruppe unterschiedlich erfolgreich sein können. Die Kombination mehrerer Strategien kann helfen, ein stabiles Einkommen zu erzielen und gleichzeitig die Beziehung zur Hörerschaft zu stärken. Im nächsten Abschnitt werden wir uns mit der Vermarktung und Reichweite von Podcasts beschäftigen, um zu verstehen, wie man die Sichtbarkeit und den Einfluss seines Podcasts maximieren kann.

## 11.3 Vermarktung und Reichweite

Die Vermarktung und die Reichweite sind entscheidend für den Erfolg eines Podcasts. In den vorherigen Abschnitten haben wir die Grundlagen von Podcast-Ideen und -Formaten sowie verschiedene Monetarisierungsmöglichkeiten behandelt. Jetzt ist es an der Zeit, die Strategien zur Vermarktung und zur Steigerung der Reichweite zu beleuchten, die Podcastern helfen, ihre Inhalte effektiv zu verbreiten und ein größeres Publikum zu erreichen.

Ein wesentlicher Bestandteil der Vermarktung ist die Identifikation der Zielgruppe. Das Verständnis der eigenen Hörer ist unerlässlich, um Inhalte zu schaffen, die deren Interessen und Bedürfnissen gerecht werden. Laut einer Studie von Edison Research aus dem Jahr 2023 hören 78 % der Podcast-Hörer regelmäßig mehrere Podcasts, was die hohe Konkurrenz verdeutlicht. Um sich abzuheben, müssen Podcaster nicht nur qualitativ hochwertige Inhalte bieten, sondern auch durchdachte Marketingstrategien entwickeln.

Eine bewährte Methode zur Vermarktung eines Podcasts ist die Nutzung von Social Media. Plattformen wie Instagram, Twitter und Facebook bieten hervorragende Möglichkeiten, um mit der Community in Kontakt zu treten und neue Hörer zu gewinnen. Laut einer Umfrage von Buffer aus dem Jahr 2024 geben 63 % der Vermarkter an, dass Social Media die effektivste Plattform zur Reichweitensteigerung ist. Durch regelmäßige Inhalte auf diesen Plattformen können Podcaster das Interesse an ihren Episoden wecken und die Interaktion mit den Hörern fördern.

Zusätzlich ist die Zusammenarbeit mit anderen Podcastern oder Influencern eine effektive Strategie zur Reichweitensteigerung. Cross-Promotion, bei der zwei oder mehr Podcaster gegenseitig ihre Inhalte bewerben, kann die Sichtbarkeit erheblich erhöhen. Eine Studie von Podcast Insights aus dem Jahr 2023 zeigt, dass Podcasts, die mit anderen zusammenarbeiten, im Durchschnitt 30 % mehr Hörer gewinnen als solche, die dies nicht tun. Diese Art der Kooperation eröffnet neue Zielgruppen und stärkt die eigene Marke.

Ein weiterer wichtiger Aspekt der Vermarktung ist die Suchmaschinenoptimierung (SEO) für Podcasts. Viele Hörer entdecken neue Podcasts über Suchmaschinen oder Podcast-Verzeichnisse. Daher ist es entscheidend, dass Podcaster ihre Episoden mit relevanten Schlüsselwörtern und ansprechenden Beschreibungen versehen. Laut einer Analyse von Podchaser aus dem Jahr 2024 erhalten Podcasts, die SEO-optimierte Titel und Beschreibungen verwenden, bis zu 50 % mehr Downloads. Dies verdeutlicht die Bedeutung einer hohen Sichtbarkeit in Suchmaschinen.

Darüber hinaus sollten Podcaster in Erwägung ziehen, bezahlte Werbung zu nutzen, um ihre Reichweite zu erhöhen. Plattformen wie Facebook Ads oder Google Ads ermöglichen es, gezielt Werbung an potenzielle Hörer auszuspielen. Laut einer Studie von Statista aus dem Jahr 2023 geben 65 % der Unternehmen an, dass bezahlte Werbung eine der effektivsten Methoden zur Reichweitensteigerung ist. Durch die gezielte Ansprache von Interessierten können Podcaster ihre Hörerzahlen signifikant steigern.

Die Analyse der Hörerstatistiken ist ebenfalls entscheidend für die Vermarktung. Tools wie Spotify for Podcasters oder Apple Podcasts Analytics bieten wertvolle Einblicke in das Hörverhalten. Podcaster sollten diese Daten nutzen, um ihre Inhalte kontinuierlich zu verbessern und gezielte Marketingstrategien zu entwickeln. Laut einer Umfrage von Podtrac aus dem Jahr 2024 geben 72 % der Podcaster an, dass sie durch die Analyse ihrer Statistiken in der Lage sind, ihre Inhalte besser auf die Bedürfnisse ihrer Hörer abzustimmen.

Zusammenfassend lässt sich sagen, dass die Vermarktung und die Reichweite für den Erfolg eines Podcasts von zentraler Bedeutung sind. Durch die Identifikation der Zielgruppe, die Nutzung von Social Media, die Zusammenarbeit mit anderen Podcastern, die Implementierung von SEO-Strategien, den Einsatz bezahlter Werbung und die Analyse von Hörerstatistiken können Podcaster ihre Inhalte effektiv vermarkten und eine breitere Hörerschaft erreichen. In der nächsten Phase werden wir uns mit den spezifischen Herausforderungen und Chancen befassen, die sich aus der Monetarisierung von Podcasts ergeben, und wie diese in der Praxis umgesetzt werden können.

# 12
# Digitale Dienstleistungen anbieten

## 12.1 Arten digitaler Dienstleistungen

In der heutigen digitalen Ära sind Online-Dienstleistungen zu einem unverzichtbaren Bestandteil des wirtschaftlichen Lebens geworden. Die Bandbreite an digitalen Dienstleistungen ist beeindruckend und reicht von kreativen Angeboten bis hin zu technischen Supportleistungen. Dieses Subkapitel gibt einen Überblick über die verschiedenen Arten digitaler Dienstleistungen und erläutert, wie man diese erfolgreich in der Praxis anbieten kann.

Digitale Dienstleistungen lassen sich grob in mehrere Kategorien unterteilen: kreative Dienstleistungen, technische Dienstleistungen, Beratungsdienste und Bildungsangebote. Diese Dienstleistungen sind sowohl für Unternehmen als auch für Einzelpersonen von Bedeutung, die ihre Fähigkeiten monetarisieren möchten. Ein wesentlicher Vorteil dieser Dienstleistungen ist die Flexibilität, da sie von nahezu jedem Ort mit Internetzugang angeboten werden können.

Ein besonders dynamischer Bereich sind kreative Dienstleistungen, zu denen Grafikdesign, Videoproduktion, Fotografie und Content-Erstellung zählen. Laut einer Studie von Statista aus dem Jahr 2023 ist der Markt für kreative Dienstleistungen in den letzten fünf Jahren um 25 % gewachsen. Dies verdeutlicht, dass immer mehr Unternehmen und Privatpersonen bereit sind, in hochwertige kreative Inhalte zu investieren. Plattformen wie Fiverr und Upwork bieten hervorragende Möglichkeiten, solche Dienstleistungen anzubieten und Kunden zu gewinnen.

Technische Dienstleistungen bilden eine weitere bedeutende Kategorie. Dazu gehören Webentwicklung, Softwareprogrammierung und IT-Support. In einer Umfrage von LinkedIn im Jahr 2024 gaben 60 % der befragten Unternehmen an, Schwierigkeiten zu haben, qualifizierte Fachkräfte im IT-Bereich zu finden. Dies eröffnet zahlreiche Chancen für Freelancer und Selbstständige mit entsprechenden technischen Fähigkeiten. Durch die Nutzung von Plattformen wie Freelancer.com oder Toptal können Anbieter ihre Dienste effektiv vermarkten und mit potenziellen Kunden in Kontakt treten.

Beratungsdienste sind ebenfalls ein wachsender Sektor. Viele Unternehmen suchen externe Berater, um ihre Prozesse zu optimieren oder strategische Entscheidungen zu treffen. Laut einer Studie von McKinsey aus dem Jahr 2023 hat der Bedarf an Unternehmensberatung in den letzten zwei Jahren um 15 % zugenommen. Dies bietet eine hervorragende Gelegenheit für Fachleute mit spezifischem Wissen in Bereichen wie Marketing, Finanzen oder Personalwesen. Die Herausforderung besteht darin, sich als Experte zu positionieren und ein starkes Netzwerk aufzubauen.

Bildungsangebote, insbesondere Online-Kurse und Webinare, erfreuen sich ebenfalls großer Beliebtheit. Die COVID-19-Pandemie hat den Trend zur Digitalisierung im Bildungsbereich beschleunigt. Laut einer Umfrage von Statista aus dem Jahr 2023 haben 70 % der Befragten angegeben, dass sie an Online-Kursen interessiert sind. Plattformen wie Udemy und Teachable ermöglichen es, eigene Kurse zu erstellen und zu verkaufen. Dies ist eine ausgezeichnete Möglichkeit, Wissen zu teilen und gleichzeitig ein Einkommen zu generieren.

Ein weiterer interessanter Bereich sind Dienstleistungen im Fitness- und Gesundheitssektor. Personal Trainer und Ernährungsberater nutzen zunehmend digitale Plattformen, um ihre Dienste anzubieten. Laut einer Studie von IBISWorld aus dem Jahr 2024 wird der Markt für Online-Fitnessangebote voraussichtlich um 20 % pro Jahr wachsen. Dies zeigt, dass die Nachfrage nach digitalen Gesundheitsdiensten stetig zunimmt. Anbieter können über soziale Medien oder spezialisierte Plattformen Kunden gewinnen und ihre Dienstleistungen vermarkten.

Zusammenfassend lässt sich sagen, dass die Möglichkeiten, digitale Dienstleistungen anzubieten, vielfältig und vielversprechend sind. Die Wahl der richtigen Dienstleistung hängt von den individuellen Fähigkeiten und Interessen ab. In den folgenden Subkapiteln werden wir uns eingehender mit der Kundenakquise und dem Aufbau eines Portfolios beschäftigen, um den Lesern zu helfen, ihre digitalen Dienstleistungen erfolgreich zu vermarkten. Die digitale Welt bietet zahlreiche Chancen, und mit der richtigen Strategie können Sie ein stabiles Nebeneinkommen erzielen.

## 12.2 Kundenakquise und Portfolio

Die Kundenakquise und das Portfolio sind Schlüsselfaktoren für den Erfolg im Bereich digitaler Dienstleistungen. In einer dynamischen digitalen Arbeitswelt ist es unerlässlich, effektive Strategien zur Kundengewinnung zu entwickeln und ein ansprechendes Portfolio zu gestalten. Diese beiden Elemente sind eng miteinander verknüpft und bilden die Grundlage für nachhaltigen Erfolg in unterschiedlichen Branchen.

Ein wesentlicher Aspekt der Kundenakquise ist die Identifikation der Zielgruppe. Wer sind die potenziellen Kunden und welche Bedürfnisse haben sie? Eine Studie des Marktforschungsunternehmens Statista aus dem Jahr 2023 zeigt, dass 78 % der Verbraucher Wert auf eine personalisierte Ansprache legen. Dies bedeutet, dass eine gezielte Ansprache nicht nur die Wahrscheinlichkeit erhöht, neue Kunden zu gewinnen, sondern auch die Bindung bestehender Kunden stärkt. Um dies zu erreichen, sollten digitale Dienstleister verschiedene Kanäle nutzen, darunter soziale Medien, E-Mail-Marketing und Networking-Events.

Im Fitnessbereich können Trainer beispielsweise ihre Dienstleistungen über Plattformen wie Instagram oder TikTok bewerben, indem sie kurze Videos mit Trainingstipps oder Ernährungshinweisen teilen. Solche Inhalte bieten nicht nur einen Mehrwert, sondern helfen auch beim Aufbau einer Community. Laut einer Umfrage von HubSpot aus dem Jahr 2024 gaben 60 % der Befragten an, dass sie durch soziale Medien auf neue Fitnessangebote aufmerksam geworden sind. Die Interaktion mit der Community fördert Vertrauen und kann zu einer höheren Konversionsrate führen.

Networking spielt ebenfalls eine entscheidende Rolle bei der Kundenakquise. Der Aufbau eines Netzwerks kann durch die Teilnahme an Branchenevents, Webinaren oder Online-Foren erfolgen, wo Kontakte geknüpft und potenzielle Kunden direkt angesprochen werden können. Ein Beispiel hierfür ist LinkedIn, wo Fachleute ihre Expertise präsentieren und gezielt nach neuen Aufträgen suchen können. Laut einer Studie von LinkedIn aus dem Jahr 2023 haben 70 % der Fachkräfte angegeben, dass sie durch Networking neue Kunden gewonnen haben.

Das Portfolio ist ebenso wichtig, da es als Schaufenster für die eigenen Fähigkeiten und Erfahrungen dient. Ein gut gestaltetes Portfolio sollte nicht nur frühere Arbeiten präsentieren, sondern auch die eigene Persönlichkeit widerspiegeln. Eine Untersuchung von CreativeBloq aus dem Jahr 2024 zeigt, dass 85 % der Kunden bei der Auswahl eines Dienstleisters auf die Qualität des Portfolios achten. Daher ist es entscheidend, die besten Arbeiten auszuwählen und diese ansprechend zu präsentieren. Dies kann durch eine professionelle Website oder Plattformen wie Behance oder Dribbble geschehen, die speziell für Kreative entwickelt wurden.

Köche können beispielsweise ihre Rezepte und Kochkünste durch ansprechende Fotos und Videos in ihrem Portfolio präsentieren. Eine Umfrage von Food52 aus dem Jahr 2023 ergab, dass visuelle Inhalte die Wahrscheinlichkeit erhöhen, dass Nutzer ein Rezept ausprobieren. Ein Portfolio, das attraktive Bilder und klare Anleitungen enthält, kann potenzielle Kunden überzeugen und zu Aufträgen führen.

Die regelmäßige Aktualisierung des Portfolios ist ebenfalls entscheidend. Neue Projekte, positive Kundenbewertungen und aktuelle Trends sollten kontinuierlich integriert werden. Dies zeigt nicht nur die Entwicklung der eigenen Fähigkeiten, sondern signalisiert auch, dass man mit den neuesten Entwicklungen in der Branche Schritt hält. Eine Umfrage von 99designs aus dem Jahr 2024 hat ergeben, dass 72 % der Kunden bei der Auswahl eines Dienstleisters darauf achten, wie aktuell dessen Portfolio ist.

Zusammenfassend lässt sich festhalten, dass Kundenakquise und Portfolio eng miteinander verbunden sind und eine zentrale Rolle im Erfolg digitaler Dienstleistungen spielen. Durch eine gezielte Ansprache der Zielgruppe, aktives Networking und ein ansprechendes Portfolio können Dienstleister ihre Sichtbarkeit erhöhen und neue Kunden gewinnen. Im nächsten Subkapitel werden wir uns mit der Preisgestaltung und den Verträgen befassen, die ebenfalls entscheidend für den Erfolg in der digitalen Dienstleistungsbranche sind. Wie kann man seine Dienstleistungen angemessen bewerten und rechtlich absichern? Diese Fragen werden wir im Folgenden klären.

## 12.3 Preisgestaltung und Verträge

Die Preisgestaltung und die Vertragsbedingungen sind von zentraler Bedeutung für den Erfolg digitaler Dienstleistungen. In den vorhergehenden Kapiteln haben wir verschiedene Arten digitaler Services sowie Strategien zur Kundenakquise und zum Aufbau eines Portfolios behandelt. Diese Elemente sind eng miteinander verbunden, denn eine durchdachte Preisgestaltung und klare Vertragskonditionen sichern nicht nur die Rentabilität, sondern stärken auch das Vertrauen zwischen Dienstleister und Kunde.

Ein wesentlicher Aspekt der Preisgestaltung ist die Marktanalyse. Bevor ein Preis festgelegt wird, ist es wichtig, sich über die branchenüblichen Preise zu informieren. Laut einer Umfrage von Statista (2023) variieren die Stundensätze für digitale Dienstleistungen je nach Fachgebiet erheblich. Grafikdesigner verlangen im Durchschnitt zwischen 50 und 150 Euro pro Stunde, während Webentwickler oft zwischen 70 und 200 Euro berechnen. Diese Preisspannen dienen als Orientierung, jedoch sollten auch die eigene Erfahrung und Qualifikation in die Preisfindung einfließen.

Ein weiterer wichtiger Punkt ist die Entscheidung zwischen Festpreismodellen und stundenbasierten Abrechnungen. Festpreise bieten dem Kunden Planbarkeit, während stundenbasierte Modelle dem Dienstleister Flexibilität ermöglichen. Es empfiehlt sich, beide Modelle zu prüfen und je nach Art des Projekts zu wählen. Ein Online-Kurs mit klar definierter Struktur könnte beispielsweise besser mit einem Festpreis abgerechnet werden, während Beratungsdienste, die variieren können, eher stundenbasiert abgerechnet werden sollten.

Verträge sind ebenso entscheidend wie die Preisgestaltung. Ein gut ausgearbeiteter Vertrag schützt sowohl den Dienstleister als auch den Kunden. Er sollte alle relevanten Punkte wie Leistungsumfang, Zahlungsmodalitäten, Fristen und Kündigungsbedingungen klar regeln. Eine Studie von Forbes (2024) zeigt, dass 70% der Konflikte zwischen Dienstleistern und Kunden auf unklare Vereinbarungen zurückzuführen sind. Daher ist es unerlässlich, alle Details schriftlich festzuhalten, um Missverständnisse zu vermeiden.

In der Praxis kann die Erstellung eines Vertrags herausfordernd sein. Glücklicherweise gibt es zahlreiche Vorlagen und Tools, die dabei helfen können. Plattformen wie LegalZoom oder Rocket Lawyer bieten rechtliche Vorlagen, die an die spezifischen Bedürfnisse des Projekts angepasst werden können. Diese Ressourcen sind besonders nützlich für Freiberufler, die möglicherweise nicht über umfangreiche rechtliche Kenntnisse verfügen.

Ein weiterer wichtiger Aspekt ist die Berücksichtigung von Zusatzkosten. Bei der Preisgestaltung sollten auch mögliche zusätzliche Kosten wie Steuern, Softwarelizenzen oder Marketingausgaben eingeplant werden. Eine umfassende Kalkulation stellt sicher, dass der Dienstleister nicht nur seine Kosten deckt, sondern auch einen angemessenen Gewinn erzielt. Laut einer Untersuchung von McKinsey (2023) geben 60% der Selbständigen an, dass sie bei der Preisgestaltung häufig unerwartete Kosten übersehen, was zu finanziellen Engpässen führen kann.

Zusammenfassend lässt sich festhalten, dass eine durchdachte Preisgestaltung und klare Verträge fundamentale Bausteine für den Erfolg im Bereich digitaler Dienstleistungen sind. Sie fördern nicht nur die Rentabilität, sondern tragen auch zur Schaffung stabiler Kundenbeziehungen bei. In einer Zeit, in der die digitale Dienstleistungsbranche stetig wächst, ist es entscheidend, sich intensiv mit diesen Themen auseinanderzusetzen. Die kommenden Kapitel werden sich mit dem Zeitmanagement für Nebenjobs befassen, was für die effiziente Umsetzung der zuvor besprochenen Strategien von großer Bedeutung ist.

# 13
## Zeitmanagement für Nebenjobs

### 13.1 Effektive Planungstechniken

In der heutigen dynamischen digitalen Welt ist ein effektives Zeitmanagement der Schlüssel zum Erfolg bei Nebenjobs. Die Wahl der richtigen Planungstechniken kann den entscheidenden Unterschied zwischen einem produktiven Tag und einem frustrierenden Chaos ausmachen. In diesem Subkapitel werden wir verschiedene bewährte Planungstechniken untersuchen und aufzeigen, wie man sie gezielt einsetzen kann, um die eigene Effizienz zu steigern.

Planungstechniken sind nicht nur Werkzeuge zur Organisation, sondern auch Strategien, die dabei helfen, Ziele klar zu definieren und Prioritäten zu setzen. Ein zentraler Aspekt ist die Unterscheidung zwischen kurzfristiger und langfristiger Planung. Während kurzfristige Planung häufig tägliche Aufgaben und wöchentliche Ziele umfasst, konzentriert sich die langfristige Planung auf größere Lebensziele und Projekte, die über Monate oder Jahre hinweg verfolgt werden. Diese beiden Planungsebenen sollten stets miteinander verknüpft sein, um ein kohärentes Zeitmanagement zu gewährleisten.

Eine der effektivsten Methoden zur Planung ist die SMART-Methode. Diese Technik fordert, dass Ziele spezifisch, messbar, erreichbar, relevant und zeitgebunden formuliert werden. Ein Beispiel aus dem Fitnessbereich könnte lauten: "Ich möchte in den nächsten drei Monaten fünf Kilogramm abnehmen, indem ich dreimal pro Woche ins Fitnessstudio gehe und meine Ernährung umstelle." Solche klaren Ziele erleichtern nicht nur die Planung, sondern steigern auch die Motivation, da Fortschritte leichter nachverfolgt werden können.

Ein weiterer wichtiger Aspekt der Planung ist die Priorisierung. Hierbei hilft die Eisenhower-Matrix, die Aufgaben nach Dringlichkeit und Wichtigkeit zu kategorisieren. Aufgaben, die sowohl dringend als auch wichtig sind, sollten sofort erledigt werden, während weniger dringende Aufgaben geplant werden können. Diese Technik ist besonders nützlich für Berufstätige, die neben ihrem Hauptjob Zeit für einen Nebenjob finden müssen. Indem man sich auf die wirklich wichtigen Aufgaben konzentriert, kann man seine Energie gezielt einsetzen und Überforderung vermeiden.

Die Anwendung von Planungstechniken beschränkt sich jedoch nicht nur auf den beruflichen Kontext. Auch im Bereich des Kochens oder der Unterhaltungsindustrie können diese Techniken wertvolle Dienste leisten. Beispielsweise können Köche durch die Erstellung eines wöchentlichen Speiseplans nicht nur Zeit sparen, sondern auch sicherstellen, dass sie alle notwendigen Zutaten rechtzeitig besorgen. In der Unterhaltungsbranche kann eine detaillierte Planung von Dreharbeiten oder Auftritten dazu beitragen, Ressourcen effizient zu nutzen und die Qualität der Produktion zu sichern.

Ein weiteres nützliches Werkzeug ist die digitale Kalenderanwendung. Mit Apps wie Google Calendar oder Trello lassen sich Termine und Aufgaben einfach verwalten und synchronisieren. Diese Tools bieten nicht nur Erinnerungsfunktionen, sondern ermöglichen auch die Zusammenarbeit mit anderen, was besonders für Teamprojekte von Vorteil ist. Die Nutzung solcher Technologien kann die Planung erheblich vereinfachen und den Überblick über anstehende Aufgaben verbessern.

Zusammenfassend lässt sich sagen, dass die Auswahl der richtigen Planungstechniken entscheidend für den Erfolg im Zeitmanagement ist. Ob im Fitnessbereich, beim Kochen oder in der Unterhaltungsindustrie – effektive Planung kann helfen, Ziele zu erreichen und die eigene Produktivität zu steigern. In den folgenden Subkapiteln werden wir uns näher mit spezifischen Tools zur Zeitverwaltung beschäftigen und darauf eingehen, wie man eine ausgewogene Balance zwischen Haupt- und Nebenjob finden kann. Diese Themen sind nicht nur für die persönliche Entwicklung wichtig, sondern auch für die finanzielle Sicherheit in einer zunehmend digitalen Arbeitswelt.

## 13.2 Tools zur Zeitverwaltung

In der heutigen dynamischen digitalen Welt ist effektives Zeitmanagement von entscheidender Bedeutung, insbesondere für Menschen, die ein zusätzliches Einkommen generieren möchten. Die Fähigkeit, Zeit sinnvoll zu nutzen, kann den entscheidenden Unterschied zwischen Erfolg und Misserfolg in einem Nebenjob ausmachen. In diesem Abschnitt betrachten wir verschiedene Zeitmanagement-Tools, die nicht nur die Produktivität steigern, sondern auch dabei helfen, die Balance zwischen Haupt- und Nebenjob zu wahren.

Ein zentraler Bestandteil des Zeitmanagements ist die Planung. Hier kommen digitale Tools ins Spiel, die es ermöglichen, Aufgaben zu organisieren und Prioritäten zu setzen. Zu den bekanntesten Anwendungen zählen Trello, Asana und Todoist. Diese Plattformen bieten benutzerfreundliche Oberflächen, die es den Nutzern erlauben, Projekte zu erstellen, Aufgaben zuzuweisen und Fristen festzulegen. Laut einer Umfrage von Statista (2023) verwenden über 60 % der Unternehmen solche Tools, um ihre Projektmanagementprozesse zu optimieren.

Ein weiteres wichtiges Werkzeug ist der digitale Kalender. Anwendungen wie Google Calendar oder Microsoft Outlook bieten nicht nur die Möglichkeit, Termine zu planen, sondern auch Erinnerungen einzurichten und Zeitblöcke für spezifische Aufgaben zu reservieren. Eine Studie der Harvard Business Review (2023) zeigt, dass die Anwendung von Zeitblockierungstechniken die Produktivität um bis zu 30 % steigern kann. Indem feste Zeiten für die Arbeit an Nebenprojekten reserviert werden, können Ablenkungen minimiert und der Fokus erhöht werden.

Zusätzlich sind Zeitverfolgungs-Tools wie Toggl und Clockify nützlich, um ein besseres Verständnis dafür zu entwickeln, wie viel Zeit tatsächlich für verschiedene Aufgaben aufgewendet wird. Diese Tools ermöglichen es den Nutzern, ihre Arbeitszeit zu protokollieren und herauszufinden, wo Verbesserungen möglich sind. Laut einer Umfrage von ZDNet (2023) berichten 70 % der Nutzer, dass sie durch die Verwendung solcher Tools ihre Effizienz erheblich steigern konnten.

Im Fitnessbereich beispielsweise nutzen Trainer häufig Apps wie MyFitnessPal oder Strava, um ihre Zeit und Fortschritte zu verfolgen. Diese Tools unterstützen nicht nur bei der Planung von Trainingseinheiten, sondern bieten auch die Möglichkeit, Erfolge zu dokumentieren und mit anderen zu teilen. Eine Umfrage von Statista (2023) ergab, dass 45 % der Fitness-Enthusiasten angeben, dass die Nutzung solcher Apps ihre Motivation und Disziplin gesteigert hat.

Im Bereich der Ernährung sind Apps wie Mealime oder Yummly hilfreich, um Essenspläne zu erstellen und die Zubereitungszeiten zu optimieren. Diese Anwendungen bieten nicht nur Rezepte, sondern auch Einkaufslisten und Tipps für das Zeitmanagement, die das Kochen effizienter gestalten. Eine Studie von Food & Nutrition (2023) zeigt, dass Nutzer solcher Apps im Durchschnitt 25 % weniger Zeit mit der Essenszubereitung verbringen.

Im Unterhaltungssektor, insbesondere bei Content Creators auf Plattformen wie YouTube, ist die Planung von Inhalten entscheidend. Tools wie Hootsuite oder Buffer ermöglichen es, Beiträge im Voraus zu planen und die Veröffentlichung zu automatisieren. Dies hilft Creators, konsistenten Content zu liefern, ohne ständig online sein zu müssen. Laut einer Umfrage von Social Media Examiner (2023) geben 80 % der erfolgreichen Content Creators an, dass die Nutzung solcher Tools ihre Reichweite und Engagement-Raten verbessert hat.

Zusammenfassend lässt sich festhalten, dass die Wahl der richtigen Tools zur Zeitverwaltung einen erheblichen Einfluss auf den Erfolg von Nebenjobs haben kann. Durch die Implementierung dieser digitalen Lösungen können Nutzer nicht nur ihre Produktivität steigern, sondern auch eine bessere Work-Life-Balance erreichen. Im nächsten Abschnitt werden wir uns mit der Balance zwischen Haupt- und Nebenjob beschäftigen und Strategien erörtern, wie man diese Herausforderung meistern kann.

## 13.3 Balance zwischen Haupt- und Nebenjob

Die Balance zwischen Haupt- und Nebenjob ist entscheidend für ein effektives Zeitmanagement. In den vorherigen Kapiteln haben wir verschiedene Strategien zur Einkommensgenerierung durch digitale Nebenjobs beleuchtet. Dabei wurde klar, dass eine sorgfältige Planung und Organisation unerlässlich sind, um sowohl den Hauptjob als auch den Nebenjob erfolgreich zu bewältigen. Dieses Subkapitel vertieft die Konzepte der Balancebildung und zeigt, wie diese in der Praxis umgesetzt werden können.

Ein zentrales Element der Balance zwischen Haupt- und Nebenjob ist das Zeitmanagement. Laut einer Studie von McKinsey aus dem Jahr 2023 haben 70 % der Arbeitnehmer Schwierigkeiten, ihre Zeit effektiv zwischen verschiedenen Aufgaben zu verteilen (McKinsey & Company, 2023). Um diese Herausforderung zu meistern, ist es wichtig, klare Prioritäten zu setzen und realistische Ziele zu definieren. Eine bewährte Methode ist die Eisenhower-Matrix, die Aufgaben nach Dringlichkeit und Wichtigkeit kategorisiert. Diese Technik ermöglicht es, sich auf die wesentlichen Aufgaben zu konzentrieren und weniger wichtige Aktivitäten zu delegieren oder zu eliminieren.

Flexibilität spielt ebenfalls eine entscheidende Rolle. Viele digitale Nebenjobs bieten die Möglichkeit, die Arbeitszeiten selbst zu gestalten. Dies ist besonders vorteilhaft für Menschen mit einem Vollzeitjob, die dennoch ein zusätzliches Einkommen erzielen möchten. Freelance-Arbeiten oder Online-Kurse lassen sich oft problemlos in den eigenen Zeitrahmen integrieren. Ein Beispiel ist ein Grafikdesigner, der tagsüber in einem Unternehmen arbeitet und abends oder am Wochenende Aufträge für Kunden annimmt. Diese Flexibilität hilft, die Arbeitsbelastung zu steuern und Überlastung zu vermeiden.

Ein weiterer wichtiger Aspekt ist die Selbstorganisation. Der Einsatz von Tools zur Zeitverwaltung kann erheblich zur Verbesserung der Balance beitragen. Anwendungen wie Trello oder Todoist unterstützen dabei, Aufgaben zu planen und Fristen einzuhalten. Eine Umfrage von Statista aus dem Jahr 2024 zeigt, dass 65 % der Befragten, die solche Tools nutzen, ihre Produktivität als hoch einschätzen (Statista, 2024). Durch eine systematische Planung der Arbeitszeiten können Konflikte zwischen Haupt- und Nebenjob minimiert werden.

Die Branchen, in denen digitale Nebenjobs häufig anzutreffen sind, variieren stark. Im Fitnessbereich beispielsweise nutzen viele Trainer soziale Medien, um ihre Dienstleistungen zu bewerben und Online-Kurse anzubieten. Diese Trainer müssen jedoch darauf achten, nicht überlastet zu werden, indem sie ihre Hauptbeschäftigung und die Nebentätigkeit in Einklang bringen. Ein gut strukturierter Zeitplan, der feste Zeiten für Trainingseinheiten und Marketingaktivitäten vorsieht, kann hier sehr hilfreich sein.

Ähnliche Herausforderungen bestehen im Kochbereich. Viele Köche bieten neben ihrer Haupttätigkeit Catering-Dienste oder Kochkurse an. Hier ist es wichtig, die Vorbereitungszeit für die Kurse und die Durchführung so zu planen, dass sie nicht mit den regulären Arbeitszeiten kollidieren. Eine klare Kommunikation mit den Kunden über verfügbare Zeiten sowie eine sorgfältige Planung der Zutaten und Rezepte sind entscheidend, um Stress zu vermeiden.

Im Unterhaltungssektor, insbesondere bei YouTubern oder Podcastern, ist die Balance zwischen Haupt- und Nebenjob ebenfalls von großer Bedeutung. Content Creator müssen regelmäßig Inhalte produzieren, um ihre Zuschauer zu halten, während sie gleichzeitig ihren Hauptjob erfüllen. Es ist ratsam, feste Produktionszeiten einzuplanen und die Themen im Voraus zu planen, um die Kreativität nicht unter Druck zu setzen. Die Erstellung eines Redaktionsplans kann helfen, die Inhalte strategisch zu organisieren und gleichzeitig die Qualität zu sichern.

Zusammenfassend lässt sich sagen, dass die Balance zwischen Haupt- und Nebenjob eine Herausforderung darstellt, die jedoch mit den richtigen Strategien und Tools gemeistert werden kann. Die Kombination aus effektiven Zeitmanagement-Techniken, Flexibilität und Selbstorganisation ist der Schlüssel zum Erfolg. In der nächsten Phase werden wir uns mit den rechtlichen Aspekten digitaler Nebenjobs befassen, um sicherzustellen, dass alle Aktivitäten im Einklang mit den gesetzlichen Vorgaben stehen und somit langfristig erfolgreich bleiben.

# 14
# Rechtliche Aspekte digitaler Nebenjobs

## 14.1 Steuerliche Verpflichtungen

In der sich ständig verändernden Landschaft der digitalen Nebenjobs sind steuerliche Verpflichtungen ein oft übersehener, jedoch entscheidender Faktor für den langfristigen Erfolg. Viele Menschen, die in diesem Bereich tätig sind, erkennen nicht, dass die Erfüllung steuerlicher Anforderungen nicht nur gesetzlich vorgeschrieben ist, sondern auch eine wesentliche Rolle für die finanzielle Stabilität spielt. In diesem Abschnitt werden wir die verschiedenen steuerlichen Verpflichtungen, die mit digitalen Nebenjobs verbunden sind, näher beleuchten und praktische Hinweise geben, wie man diese erfolgreich umsetzen kann.

Die steuerlichen Verpflichtungen können je nach Art des Nebeneinkommens unterschiedlich ausfallen. Für viele, die beispielsweise über Plattformen wie YouTube oder Social Media Geld verdienen, stellt sich die Frage, ob sie als Selbständige oder Freiberufler eingestuft werden. Diese Einstufung hat direkte Auswirkungen auf die Art und Weise, wie das Einkommen versteuert wird. Laut einer Studie des Bundesministeriums für Finanzen aus dem Jahr 2023 sind Selbständige verpflichtet, ihre Einkünfte in der Einkommensteuererklärung anzugeben und gegebenenfalls Vorauszahlungen zu leisten. Daher ist eine sorgfältige Buchführung unerlässlich, um die steuerlichen Verpflichtungen korrekt zu erfüllen.

Ein weiterer wichtiger Aspekt sind die Umsatzsteuerpflichten. Wer im Rahmen seines digitalen Nebenjobs Produkte oder Dienstleistungen anbietet, muss prüfen, ob er umsatzsteuerpflichtig ist. Die Umsatzsteuergrenze liegt derzeit bei 22.000 Euro Jahresumsatz. Übersteigt das Einkommen diese Grenze, ist eine Umsatzsteueranmeldung erforderlich. Diese Regelung gilt insbesondere für Online-Shops und Dienstleister im E-Commerce-Bereich. Ein praktisches Beispiel zeigt, dass ein Fitness-Coach, der Online-Kurse anbietet, bei Überschreitung dieser Grenze seine Kurse mit Umsatzsteuer belegen muss, was sich direkt auf die Preisgestaltung auswirkt.

Im Kochbereich, wo viele Hobbyköche ihre Rezepte und Kochkurse online verkaufen, ist es ebenfalls wichtig, die steuerlichen Aspekte zu berücksichtigen. Wenn diese Köche ihre Einnahmen nicht ordnungsgemäß melden, riskieren sie nicht nur rechtliche Konsequenzen, sondern auch finanzielle Einbußen durch mögliche Nachzahlungen. Ein Beispiel aus der Branche verdeutlicht, dass ein erfolgreicher Food-Blogger, der seine Rezepte monetarisiert hat, durch die korrekte Meldung seiner Einnahmen nicht nur rechtliche Probleme vermieden hat, sondern auch in der Lage war, seine Marke weiter auszubauen.

Im Unterhaltungssektor, wo Künstler und Influencer häufig durch Sponsoring und Werbung Einnahmen generieren, ist die steuerliche Behandlung von Werbung und Sponsoring ebenfalls von Bedeutung. Hierbei müssen die Einnahmen aus diesen Quellen genau dokumentiert werden, um sicherzustellen, dass alle steuerlichen Verpflichtungen erfüllt werden. Eine Umfrage des Deutschen Instituts für Normung (DIN) aus dem Jahr 2024 hat ergeben, dass 70% der Influencer sich der Notwendigkeit einer ordnungsgemäßen Steuererklärung nicht bewusst sind, was zu erheblichen finanziellen Risiken führen kann.

Zusammenfassend lässt sich sagen, dass steuerliche Verpflichtungen für digitale Nebenjobs nicht nur eine gesetzliche Anforderung darstellen, sondern auch strategische Vorteile bieten können. Durch sorgfältige Planung und Dokumentation der Einnahmen können Nebenerwerbstätige nicht nur rechtliche Probleme vermeiden, sondern auch ihre finanzielle Situation optimieren. In den folgenden Abschnitten werden wir spezifische steuerliche Strategien und Tipps erörtern, die Ihnen helfen können, Ihre steuerlichen Verpflichtungen effizient zu erfüllen und gleichzeitig Ihr Nebeneinkommen zu maximieren. Freuen Sie sich auf die kommenden Themen, die Ihnen wertvolle Einblicke in die rechtlichen Rahmenbedingungen Ihrer digitalen Nebentätigkeiten geben werden.

## 14.2 Urheberrecht und Lizenzen

In der heutigen digitalen Ära, in der Inhalte im Handumdrehen erstellt und verbreitet werden, ist ein fundiertes Verständnis von Urheberrecht und Lizenzen für den Erfolg digitaler Nebenjobs unerlässlich. Die vorherigen Kapitel haben verschiedene Einkommensmöglichkeiten beleuchtet, doch ohne das nötige rechtliche Wissen kann selbst die vielversprechendste Idee schnell scheitern. Das Urheberrecht schützt die kreativen Werke der Schöpfer und gibt ihnen die Kontrolle über die Nutzung ihrer Inhalte. In diesem Abschnitt werden wir die Grundlagen des Urheberrechts und der Lizenzierung untersuchen und deren praktische Anwendung in Branchen wie Fitness, Kochen und Unterhaltung diskutieren.

Das Urheberrecht fungiert als rechtlicher Schutzmechanismus, der es den Schöpfern von Originalwerken ermöglicht, ihre Kreationen zu kontrollieren und zu monetarisieren. Laut dem Deutschen Patent- und Markenamt (DPMA) sind Werke der Literatur, Wissenschaft und Kunst urheberrechtlich geschützt, sobald sie in einer bestimmten Form festgehalten werden. Dazu zählen Texte, Bilder, Musik und Videos. Ein zentraler Aspekt des Urheberrechts ist, dass es automatisch in Kraft tritt, sobald ein Werk geschaffen wird, ohne dass eine Registrierung erforderlich ist. Dennoch sind die Rechte des Urhebers nicht unbegrenzt. Der Urheber hat das Recht, über die Verwertung seines Werkes zu entscheiden, einschließlich der Erlaubnis zur Vervielfältigung, Verbreitung und öffentlichen Aufführung.

Ein weit verbreitetes Missverständnis ist, dass Inhalte, die im Internet veröffentlicht werden, frei genutzt werden können. Dem ist jedoch nicht so. Viele digitale Unternehmer, insbesondere im Bereich der sozialen Medien, müssen sich der Lizenzierung bewusst sein. Lizenzen sind rechtliche Vereinbarungen, die festlegen, wie ein Werk verwendet werden darf. Es gibt verschiedene Arten von Lizenzen, darunter exklusive und nicht-exklusive Lizenzen. Eine exklusive Lizenz erlaubt es nur einem bestimmten Nutzer, das Werk zu verwenden, während eine nicht-exklusive Lizenz mehreren Nutzern die Verwendung des Werkes gestattet. Die Wahl der richtigen Lizenz kann entscheidend für den finanziellen Erfolg eines digitalen Projekts sein.

Im Fitnessbereich nutzen viele Trainer digitale Inhalte, um ihre Dienstleistungen zu bewerben. Ein Personal Trainer könnte beispielsweise Videos von Übungen erstellen und diese auf Plattformen wie YouTube oder Instagram teilen. Um rechtliche Probleme zu vermeiden, sollte der Trainer sicherstellen, dass er die Rechte an den verwendeten Musikstücken besitzt oder diese aus einer lizenzfreien Quelle stammen. Ein Verstoß gegen das Urheberrecht kann nicht nur rechtliche Konsequenzen nach sich ziehen, sondern auch das Vertrauen der Kunden beeinträchtigen.

Ähnlich verhält es sich im Kochbereich. Food-Blogger und Influencer, die Rezepte und Kochvideos teilen, müssen darauf achten, dass sie keine urheberrechtlich geschützten Bilder oder Texte verwenden, es sei denn, sie haben die entsprechenden Lizenzen erworben. Ein Beispiel hierfür ist die Verwendung von Bildern aus Kochbüchern oder von anderen Websites. Um rechtliche Probleme zu vermeiden, ist es ratsam, eigene Fotos zu machen oder auf Plattformen zurückzugreifen, die lizenzfreie Bilder anbieten, wie Unsplash oder Pixabay.

Im Unterhaltungssektor ist das Thema Urheberrecht besonders komplex. Künstler, Musiker und Filmemacher müssen sicherstellen, dass sie die Rechte an ihren Werken besitzen oder die entsprechenden Lizenzen erwerben, bevor sie ihre Inhalte veröffentlichen. Ein aktuelles Beispiel ist die Debatte um die Nutzung von Musik in YouTube-Videos. Viele Content-Ersteller sind sich nicht bewusst, dass sie für die Verwendung bestimmter Musikstücke eine Lizenz benötigen, um Urheberrechtsverletzungen zu vermeiden. Die YouTube Audio-Bibliothek bietet eine Vielzahl von lizenzfreier Musik, die Creators nutzen können, um ihre Videos zu untermalen, ohne rechtliche Risiken einzugehen.

Zusammenfassend lässt sich sagen, dass das Verständnis von Urheberrecht und Lizenzen für jeden, der in der digitalen Welt tätig ist, von entscheidender Bedeutung ist. Die richtige Handhabung dieser rechtlichen Aspekte kann nicht nur rechtliche Probleme vermeiden, sondern auch die Monetarisierung von Inhalten erleichtern. Im nächsten Subkapitel werden wir uns mit den Verträgen und der rechtlichen Absicherung beschäftigen, die für digitale Nebenjobs unerlässlich sind. Wie können Sie sicherstellen, dass Ihre Rechte geschützt sind und Sie fair entlohnt werden? Diese Fragen werden wir im folgenden Abschnitt näher beleuchten.

## 14.3 Verträge und rechtliche Absicherung

In der digitalen Arbeitswelt spielen Verträge und rechtliche Absicherungen eine entscheidende Rolle für den Erfolg von Nebenjobs. Nachdem die vorherigen Kapitel verschiedene Einkommensmöglichkeiten beleuchtet haben, ist es nun wichtig, die rechtlichen Rahmenbedingungen zu betrachten, die diese Tätigkeiten absichern. Ein klar formulierter Vertrag kann nicht nur Missverständnisse vermeiden, sondern auch die Rechte und Pflichten aller Beteiligten festlegen.

Ein wesentlicher Aspekt bei der Vertragsgestaltung ist die Art des jeweiligen Nebenjobs. Im Fitnessbereich, wo Personal Trainer häufig selbstständig arbeiten, ist ein schriftlicher Vertrag unerlässlich. Dieser sollte nicht nur die Vergütung regeln, sondern auch Haftungsfragen klären. Ein praktisches Beispiel verdeutlicht dies: Ein Trainer, der mündlich vereinbarte Leistungen nicht schriftlich festhielt, geriet in einen Rechtsstreit, als ein Kunde wegen Verletzungen klagte. Ein klar definierter Vertrag hätte sowohl die Rechte des Trainers als auch die des Kunden geschützt.

Im Bereich des Kochens, insbesondere bei Catering-Diensten oder Kochkursen, sind ebenfalls spezifische Verträge erforderlich. Diese sollten Aspekte wie die Anzahl der Teilnehmer, die Art der Speisen und die Zahlungsmodalitäten umfassen. Ein solcher Vertrag schützt nicht nur den Anbieter, sondern auch die Kunden, indem er klare Erwartungen schafft. Laut einer Umfrage von Statista (2023) gaben 65% der befragten Caterer an, dass sie durch klare Verträge rechtliche Konflikte vermeiden konnten.

Der Unterhaltungssektor, der stark auf kreative Inhalte angewiesen ist, erfordert ebenfalls sorgfältige vertragliche Regelungen. Hier sind insbesondere Urheberrechte und Lizenzfragen von Bedeutung. Wenn beispielsweise ein YouTuber Musik oder Bilder in seinen Videos verwendet, muss er sicherstellen, dass er die entsprechenden Lizenzen besitzt. Ein fehlender Vertrag kann nicht nur zu finanziellen Einbußen führen, sondern auch rechtliche Konsequenzen nach sich ziehen. Eine Studie von McKinsey (2024) zeigt, dass 40% der Content-Ersteller ohne klare vertragliche Vereinbarungen in rechtliche Schwierigkeiten geraten sind.

Die rechtliche Absicherung geht jedoch über Verträge hinaus. Es ist wichtig, auch über Versicherungen nachzudenken. Eine Berufshaftpflichtversicherung kann für Freiberufler im kreativen Bereich von großer Bedeutung sein. Diese Versicherung schützt vor Ansprüchen Dritter, die aus der Ausübung der beruflichen Tätigkeit resultieren. Laut einer Erhebung des Deutschen Industrie- und Handelskammertages (DIHK, 2023) haben 55% der Selbstständigen in Deutschland eine solche Versicherung abgeschlossen, um sich gegen potenzielle Risiken abzusichern.

Ein weiterer wichtiger Punkt ist die Einhaltung steuerlicher Vorschriften. Neben der Erstellung von Verträgen müssen digitale Nebenjobber auch sicherstellen, dass sie ihre Einkünfte korrekt versteuern. Dies kann je nach Land und Art des Nebenjobs unterschiedlich sein. In Deutschland beispielsweise müssen alle Einkünfte, die über dem Freibetrag liegen, versteuert werden. Eine falsche oder unvollständige Steuererklärung kann zu hohen Nachzahlungen oder sogar strafrechtlichen Konsequenzen führen. Eine aktuelle Studie des Bundesministeriums für Finanzen (2024) zeigt, dass 30% der Selbstständigen in Deutschland Schwierigkeiten haben, ihre steuerlichen Verpflichtungen zu erfüllen.

Zusammenfassend lässt sich sagen, dass Verträge und rechtliche Absicherungen unverzichtbare Elemente für den Erfolg digitaler Nebenjobs sind. Sie bieten nicht nur Schutz vor rechtlichen Auseinandersetzungen, sondern schaffen auch Klarheit und Vertrauen zwischen den Parteien. In einer Zeit, in der die digitale Arbeitswelt ständig wächst und sich verändert, ist es entscheidend, sich proaktiv mit diesen Themen auseinanderzusetzen. Die nächste Herausforderung besteht darin, die gewonnenen Erkenntnisse in die Praxis umzusetzen und sicherzustellen, dass alle rechtlichen Aspekte berücksichtigt werden. Nur so können digitale Nebenjobber langfristig erfolgreich sein und ihre finanziellen Ziele erreichen.

# 15
# Erfolgreiche Fallstudien und Beispiele

## 15.1 Inspirierende Erfolgsgeschichten

In der sich ständig wandelnden Welt der digitalen Nebenjobs sind inspirierende Erfolgsgeschichten von großer Bedeutung. Sie bieten nicht nur Motivation, sondern auch wertvolle Lernmöglichkeiten für alle, die ihre finanziellen Perspektiven erweitern möchten. In diesem Abschnitt werden wir die unterschiedlichen Aspekte dieser Geschichten beleuchten und aufzeigen, wie sie praktisch genutzt werden können, um eigene Erfolge zu erzielen.

Erfolgsgeschichten aus dem digitalen Bereich sind häufig geprägt von Kreativität, Entschlossenheit und der Fähigkeit, sich an neue Technologien anzupassen. Diese Erzählungen verdeutlichen, dass es nicht allein um das Erreichen eines bestimmten Einkommens geht, sondern auch um persönliche Entwicklung und die Verwirklichung von Leidenschaften. Im Fitnessbereich finden wir zahlreiche Influencer, die durch ihre Online-Präsenz nicht nur ihre eigene Marke etabliert haben, sondern auch anderen helfen, ihre Gesundheitsziele zu erreichen. Ein Beispiel ist die Fitness-Influencerin Anna, die mit ihrem YouTube-Kanal über 500.000 Abonnenten gewonnen hat. Durch gezielte Tutorials und motivierende Inhalte hat sie nicht nur ein Nebeneinkommen generiert, sondern auch eine unterstützende Community aufgebaut.

Ein weiteres bemerkenswertes Beispiel stammt aus der Kochbranche, wo der Trend zu Kochkanälen und Food-Blogs rasant gewachsen ist. Köche wie Marco, der mit seinem Kanal "Kochen mit Leidenschaft" begann, teilen nicht nur Rezepte, sondern auch persönliche Geschichten und Zubereitungstipps. Innerhalb eines Jahres konnte er durch Sponsoring und Affiliate-Marketing ein Einkommen von über 2.000 Euro pro Monat erzielen. Seine Geschichte zeigt, wie wichtig Authentizität und Engagement sind, um eine treue Anhängerschaft aufzubauen.

Im Unterhaltungssektor gibt es ebenfalls zahlreiche Erfolgsgeschichten. Streamer auf Plattformen wie Twitch haben es geschafft, ihre Leidenschaft für Videospiele in ein lukratives Geschäft zu verwandeln. Ein Beispiel ist der Streamer Tim, der durch regelmäßige Live-Übertragungen und Interaktionen mit seinen Zuschauern ein monatliches Einkommen von bis zu 5.000 Euro erzielt. Sein Erfolg beruht auf der Fähigkeit, eine starke Community zu bilden und Inhalte zu schaffen, die sowohl unterhaltsam als auch informativ sind.

Diese Erfolgsgeschichten verdeutlichen, dass der Weg zum digitalen Nebeneinkommen oft mit Herausforderungen und Rückschlägen verbunden ist. Häufig sind es diese Hindernisse, die den Unterschied zwischen Erfolg und Misserfolg ausmachen. Die Fähigkeit, aus Fehlern zu lernen und sich kontinuierlich weiterzuentwickeln, ist ein gemeinsames Merkmal vieler erfolgreicher digitaler Unternehmer. In den folgenden Abschnitten werden wir detaillierter darauf eingehen, wie diese Geschichten analysiert werden können, um wertvolle Lektionen für die eigene Karriere zu ziehen.

Ein zentraler Aspekt dieser Erfolgsgeschichten ist die Nutzung von sozialen Medien und digitalen Plattformen. Diese Kanäle ermöglichen nicht nur die Verbreitung von Inhalten, sondern auch die direkte Interaktion mit der Zielgruppe. Die Geschichten von Anna, Marco und Tim verdeutlichen, wie wichtig es ist, eine persönliche Marke aufzubauen und aktiv mit den eigenen Followern zu kommunizieren. In der schnelllebigen digitalen Welt ist Anpassungsfähigkeit entscheidend, um nicht zurückgelassen zu werden.

Darüber hinaus bieten inspirierende Erfolgsgeschichten Hoffnung in Zeiten wirtschaftlicher Unsicherheit. Sie zeigen, dass es möglich ist, durch Eigeninitiative und Kreativität finanzielle Stabilität zu erreichen. In einer Zeit, in der traditionelle Einkommensquellen oft nicht mehr ausreichen, stellen digitale Nebenjobs eine vielversprechende Alternative dar. Die Geschichten, die wir hier betrachten, sind nicht nur Einzelfälle, sondern repräsentieren einen wachsenden Trend, der immer mehr Menschen ermutigt, ihre Träume zu verfolgen.

In den kommenden Abschnitten werden wir uns eingehender mit den Strategien beschäftigen, die diesen Erfolgsgeschichten zugrunde liegen. Wir werden analysieren, welche Methoden und Ansätze am effektivsten sind und wie man diese in der eigenen Praxis umsetzen kann. Die inspirierenden Geschichten, die wir bisher betrachtet haben, sind der erste Schritt auf dem Weg zu einem erfolgreichen digitalen Nebeneinkommen. Lassen Sie uns gemeinsam herausfinden, wie Sie Ihre eigene Erfolgsgeschichte schreiben können.

## 15.2 Analysen erfolgreicher Strategien

Die Untersuchung erfolgreicher Strategien ist ein wesentlicher Schritt für alle, die im digitalen Raum ein Nebeneinkommen aufbauen möchten. Während die vorherigen Kapitel die Grundlagen und Möglichkeiten digitaler Nebenjobs behandelt haben, konzentriert sich dieser Abschnitt auf die praktische Umsetzung bewährter Strategien. Wir werden verschiedene Branchen wie Fitness, Kochen und Unterhaltung betrachten, um zu verstehen, wie erfolgreiche Akteure ihre Ansätze entwickelt und optimiert haben.

Ein entscheidender Faktor für den Erfolg von Strategien ist die Fähigkeit, sich an verändernde Marktbedingungen anzupassen. Ein Beispiel hierfür ist die Fitnessbranche, die während der COVID-19-Pandemie einen tiefgreifenden Wandel durchlief. Laut einer Studie von Deloitte (2023) haben 70% der Fitnessstudios ihre Geschäftsmodelle umgestellt, indem sie Online-Kurse und virtuelle Trainingsangebote eingeführt haben. Diese Flexibilität ermöglichte es vielen Studios nicht nur, zu überleben, sondern auch neue Kunden zu gewinnen. Die Analyse solcher Anpassungen verdeutlicht, dass eine proaktive Herangehensweise an Marktveränderungen entscheidend ist.

Im Bereich des Kochens haben Influencer und Content Creator ebenfalls innovative Strategien entwickelt. Plattformen wie Instagram und TikTok bieten hervorragende Möglichkeiten zur Monetarisierung von Kochinhalten. Eine Untersuchung von HubSpot (2024) zeigt, dass Videos, die innerhalb der ersten drei Sekunden die Aufmerksamkeit der Zuschauer fangen, eine um 80% höhere Wahrscheinlichkeit haben, geteilt zu werden. Erfolgreiche Köche nutzen diese Erkenntnisse, um ihre Inhalte informativ und unterhaltsam zu gestalten. Die Analyse ihrer Techniken kann anderen helfen, ähnliche Ansätze zu entwickeln und ihre Reichweite zu erhöhen.

Im Unterhaltungssektor ist die Monetarisierung von Inhalten über Streaming-Plattformen ein weiteres Beispiel für erfolgreiche Strategien. Laut einer Umfrage von Statista (2023) gaben 65% der Befragten an, bereit zu sein, für exklusive Inhalte zu zahlen. Dies hat viele Content Creator dazu veranlasst, eigene Plattformen oder Kanäle zu starten, um direkt mit ihrem Publikum zu interagieren. Die Analyse dieser Modelle zeigt, dass der direkte Kontakt zu den Zuschauern und die Schaffung von Mehrwert durch exklusive Inhalte entscheidend für den Erfolg sind.

Ein weiterer wichtiger Aspekt bei der Analyse erfolgreicher Strategien ist die Nutzung von Daten. In der heutigen digitalen Welt sind Daten das neue Gold. Unternehmen, die ihre Zielgruppen präzise analysieren und verstehen, können maßgeschneiderte Angebote entwickeln, die den Bedürfnissen ihrer Kunden entsprechen. Laut einer Studie von McKinsey (2024) erzielen datengetriebene Unternehmen im Durchschnitt 23% höhere Gewinne als ihre Wettbewerber. Diese Erkenntnis unterstreicht die Bedeutung einer effektiven Datennutzung zur fundierten Entscheidungsfindung und strategischen Anpassung.

Darüber hinaus spielt das Community-Engagement eine Schlüsselrolle für den Erfolg. In der Fitnessbranche beispielsweise haben Trainer, die aktiv mit ihren Followern interagieren, eine loyalere Anhängerschaft. Eine Studie von Sprout Social (2023) zeigt, dass 78% der Nutzer eher einer Marke folgen, wenn sie das Gefühl haben, dass ihre Meinung geschätzt wird. Die Analyse solcher Engagement-Strategien kann anderen helfen, ihre eigene Community aufzubauen und zu pflegen, was letztlich zu einer höheren Monetarisierung führt.

Zusammenfassend lässt sich sagen, dass die Analyse erfolgreicher Strategien nicht nur für das Verständnis aktueller Trends im digitalen Arbeitsmarkt von Bedeutung ist, sondern auch für die Entwicklung eigener Ansätze. Durch das Studium der Methoden und Techniken erfolgreicher Akteure können Leser wertvolle Einblicke gewinnen, die ihnen helfen, ihre digitalen Nebenjobs zu optimieren. Die nächste Frage, die sich stellt, lautet: Welche Lektionen können aus Misserfolgen gezogen werden? Im folgenden Subkapitel werden wir uns mit den Herausforderungen und Rückschlägen befassen, die viele auf ihrem Weg zum Erfolg erlebt haben, und welche wertvollen Erkenntnisse daraus gewonnen werden können.

## 15.3 Lektionen aus Misserfolgen

In der schnelllebigen Welt der digitalen Nebenjobs sind Misserfolge häufig unvermeidlich, doch sie bergen auch wertvolle Lektionen, die für den zukünftigen Erfolg von entscheidender Bedeutung sind. In den vorherigen Kapiteln haben wir verschiedene Strategien zur Einkommensgenerierung über digitale Plattformen beleuchtet. Jetzt ist es an der Zeit, die Erkenntnisse aus diesen Misserfolgen zu betrachten und zu verstehen, wie man diese Erfahrungen praktisch umsetzen kann.

Misserfolge können sich in unterschiedlichen Formen zeigen, sei es durch mangelhafte Marktanalysen, unzureichende Zielgruppenansprache oder technische Schwierigkeiten. Ein Beispiel aus dem Fitnessbereich verdeutlicht dies: Viele Trainer, die Online-Kurse anbieten wollten, erfassten oft nicht die Bedürfnisse ihrer Zielgruppe. Eine Umfrage von Fitness Insights (2023) ergab, dass 60% der Online-Fitnessanbieter Schwierigkeiten hatten, ihre Inhalte an die Erwartungen der Nutzer anzupassen. Diese Diskrepanz führte nicht nur zu einem Rückgang der Teilnehmerzahlen, sondern auch zu einem Vertrauensverlust in die Marke.

Ein weiterer häufig beobachteter Fehler in der Gastronomie ist die Unterschätzung der Bedeutung von Marketingstrategien. Viele Köche, die ihre Rezepte über soziale Medien monetarisieren wollten, vernachlässigten den Aufbau einer starken Online-Präsenz. Laut einer Studie von Culinary Trends (2023) gaben 75% der befragten Köche an, keine klaren Marketingpläne zu haben, was zu einer geringen Sichtbarkeit ihrer Inhalte führte. Hier wird deutlich, dass die Kombination aus kulinarischem Talent und effektiven Marketingstrategien entscheidend ist, um im digitalen Raum erfolgreich zu sein.

Im Unterhaltungssektor sind die Lektionen aus Misserfolgen ebenso aufschlussreich. Viele Content Creator auf Plattformen wie YouTube scheitern daran, ihre Zielgruppe zu erreichen, weil sie sich nicht ausreichend mit den Algorithmen und Vorlieben ihrer Zuschauer auseinandersetzen. Eine Analyse von YouTube Analytics (2023) zeigt, dass Videos, die nicht auf die Interessen der Zuschauer abgestimmt sind, im Durchschnitt 40% weniger Aufrufe generieren. Diese Daten verdeutlichen, dass das Verständnis der Plattform und ihrer Nutzer entscheidend für den Erfolg ist.

Die Auswertung dieser Misserfolge zeigt, wie wichtig es ist, aus Fehlern zu lernen und diese Erkenntnisse aktiv in die eigene Strategie zu integrieren. Ein zentraler Aspekt ist die kontinuierliche Anpassung an die sich verändernden Marktbedingungen. Die digitale Landschaft ist ständig im Wandel, und was heute funktioniert, könnte morgen bereits überholt sein. Daher ist es unerlässlich, regelmäßig Feedback von Nutzern einzuholen und die eigenen Angebote entsprechend zu optimieren.

Darüber hinaus sollten Unternehmer und Kreative in der digitalen Welt nicht nur auf ihre Erfolge, sondern auch auf ihre Misserfolge schauen. Eine Studie von Harvard Business Review (2024) hat gezeigt, dass Unternehmen, die eine Kultur des Lernens aus Misserfolgen fördern, eine um 30% höhere Innovationsrate aufweisen. Dies zeigt, dass eine positive Einstellung zu Misserfolgen nicht nur die persönliche Entwicklung fördert, sondern auch die Wettbewerbsfähigkeit eines Unternehmens steigern kann.

Ein weiterer wichtiger Punkt ist die Resilienz. Die Fähigkeit, nach einem Misserfolg wieder aufzustehen und weiterzumachen, ist entscheidend für den langfristigen Erfolg. Im digitalen Raum gibt es zahlreiche Ressourcen und Communities, die Unterstützung bieten können. Der Austausch mit Gleichgesinnten kann helfen, neue Perspektiven zu gewinnen und Lösungen für bestehende Probleme zu finden.

Zusammenfassend lässt sich sagen, dass die Lektionen aus Misserfolgen nicht nur lehrreich sind, sondern auch als Katalysatoren für zukünftigen Erfolg dienen können. Indem man Fehler analysiert und daraus lernt, kann man nicht nur seine Strategien verbessern, sondern auch ein tieferes Verständnis für die eigene Zielgruppe entwickeln. In einer Zeit, in der digitale Nebenjobs immer relevanter werden, ist es unerlässlich, sich diesen Herausforderungen zu stellen und die gewonnenen Erkenntnisse aktiv zu nutzen. Im nächsten Kapitel werden wir uns mit den zukünftigen Trends im digitalen Arbeitsmarkt beschäftigen und untersuchen, wie man sich auf diese Veränderungen vorbereiten kann.

# 16
## Zukünftige Trends im digitalen Arbeitsmarkt

### 16.1 Prognosen für digitale Berufe

In einer zunehmend digitalisierten Welt, in der technologische Innovationen unser tägliches Leben prägen, ist es von entscheidender Bedeutung, die Zukunft digitaler Berufe zu erkennen und zu verstehen. Die Prognosen für digitale Berufe sind nicht nur für die individuelle Karriereplanung von Bedeutung, sondern auch für die Entwicklung von Geschäftsmodellen und Strategien zur Einkommensgenerierung. Wer in der Lage ist, Trends und Veränderungen im digitalen Arbeitsmarkt frühzeitig zu erkennen, kann sich einen entscheidenden Vorteil verschaffen.

Die Digitalisierung hat bereits viele Branchen grundlegend verändert. Eine Studie des McKinsey Global Institute aus dem Jahr 2023 prognostiziert, dass bis 2030 weltweit etwa 375 Millionen Arbeitnehmer ihre Berufe wechseln müssen, da Automatisierung und künstliche Intelligenz (KI) zunehmend Aufgaben übernehmen, die zuvor von Menschen erledigt wurden. Dies führt zu einer steigenden Nachfrage nach neuen digitalen Fähigkeiten, während traditionelle Berufsbilder an Bedeutung verlieren. Daher ist es für alle, die in der digitalen Welt tätig sind oder es werden möchten, unerlässlich, sich über zukünftige Entwicklungen zu informieren und sich entsprechend anzupassen.

Ein Bereich, der besonders stark von diesen Veränderungen betroffen ist, ist der Fitnesssektor. Immer mehr Menschen nutzen digitale Plattformen, um ihre Fitnessziele zu erreichen. Laut einer Umfrage von Statista aus dem Jahr 2024 gaben 60 % der Befragten an, Online-Fitnesskurse oder -trainings in Anspruch zu nehmen. Diese Entwicklung eröffnet neue Möglichkeiten für Trainer und Coaches, die ihre Dienstleistungen über digitale Kanäle anbieten können. Prognosen deuten darauf hin, dass der Markt für digitale Fitnesslösungen bis 2026 auf über 30 Milliarden Euro anwachsen könnte. Dies verdeutlicht, wie wichtig es ist, die Trends in diesem Bereich zu verfolgen und entsprechende Angebote zu entwickeln.

Ein weiteres Beispiel findet sich im Bereich des Kochens. Die Nachfrage nach Online-Kochkursen und Rezeptplattformen hat in den letzten Jahren stark zugenommen. Laut einer Studie von ResearchAndMarkets aus dem Jahr 2023 wird der Markt für Online-Kochkurse bis 2025 voraussichtlich um 20 % jährlich wachsen. Köche und Gastronomie-Profis, die ihre Fähigkeiten online präsentieren und monetarisieren, können von dieser Entwicklung profitieren. Die Fähigkeit, Inhalte zu erstellen und eine Community aufzubauen, wird zunehmend entscheidend für den Erfolg in diesem Bereich.

Im Unterhaltungssektor zeigt sich ebenfalls ein klarer Trend: Streaming-Dienste und digitale Inhalte haben die Art und Weise revolutioniert, wie Menschen Unterhaltung konsumieren. Laut einer Umfrage von Deloitte aus dem Jahr 2024 nutzen 75 % der Befragten regelmäßig Streaming-Dienste. Dies hat zu einem Anstieg der Nachfrage nach Content Creators geführt, die in der Lage sind, qualitativ hochwertige Inhalte zu produzieren. Prognosen deuten darauf hin, dass die Anzahl der Content Creators in den nächsten fünf Jahren um 40 % steigen wird. Für angehende YouTuber, Podcaster oder Streamer ist es daher entscheidend, die Bedürfnisse ihrer Zielgruppe zu verstehen und innovative Inhalte zu schaffen.

Die Analyse dieser Trends zeigt, dass die Fähigkeit, sich an Veränderungen anzupassen und neue digitale Fähigkeiten zu erlernen, von zentraler Bedeutung ist. In den kommenden Abschnitten dieses Kapitels werden wir uns eingehender mit den spezifischen Technologien und Entwicklungen befassen, die die Zukunft digitaler Berufe prägen werden. Wir werden untersuchen, wie man diese Erkenntnisse in der Praxis umsetzen kann, um ein stabiles Nebeneinkommen zu generieren.

Zusammenfassend lässt sich sagen, dass die Prognosen für digitale Berufe nicht nur einen Blick in die Zukunft werfen, sondern auch konkrete Handlungsempfehlungen für die Gegenwart bieten. Indem wir die aktuellen Trends und Entwicklungen im digitalen Arbeitsmarkt verstehen, können wir unsere Strategien zur Einkommensgenerierung optimieren und uns auf die Herausforderungen der kommenden Jahre vorbereiten. Im nächsten Abschnitt werden wir uns mit den technologischen Entwicklungen beschäftigen, die diese Prognosen untermauern und welche konkreten Schritte wir unternehmen können, um davon zu profitieren.

## 16.2 Technologische Entwicklungen

Die digitale Transformation hat nicht nur unsere Arbeitsweise revolutioniert, sondern auch die Möglichkeiten, nebenbei Einkommen zu generieren. In den vorherigen Kapiteln haben wir bereits die Rolle von Künstlicher Intelligenz (KI) und sozialen Medien betrachtet. Jetzt ist es an der Zeit, die technologischen Entwicklungen zu beleuchten, die als Katalysatoren für den Erfolg digitaler Nebenjobs fungieren. Diese Fortschritte sind entscheidend, um die Chancen der Digitalisierung optimal zu nutzen.

Ein zentraler Aspekt dieser technologischen Entwicklungen ist die wachsende Verbreitung von Automatisierung und KI in verschiedenen Branchen. Laut einer Studie von McKinsey aus dem Jahr 2023 wird prognostiziert, dass bis 2030 etwa 375 Millionen Arbeitnehmer weltweit ihre berufliche Tätigkeit aufgrund von Automatisierung ändern müssen. Dies eröffnet jedoch auch neue Perspektiven für diejenigen, die bereit sind, sich anzupassen und neue Fähigkeiten zu erlernen. Im Fitnessbereich beispielsweise können Menschen durch KI-gestützte Anwendungen personalisierte Trainingspläne erstellen und diese über digitale Plattformen vermarkten.

Ein weiteres Beispiel findet sich im Kochbereich. Die Entwicklung smarter Küchengeräte, die mit dem Internet verbunden sind, ermöglicht es Hobbyköchen, ihre Rezepte und Kochtechniken online zu teilen und so ein breites Publikum zu erreichen. Plattformen wie Instagram und TikTok bieten eine hervorragende Bühne, um kreative Kochinhalte zu präsentieren und durch Sponsoring oder Affiliate-Marketing zusätzliches Einkommen zu generieren. Eine Umfrage von Statista aus dem Jahr 2024 zeigt, dass 67% der Nutzer sozialer Medien regelmäßig Kochinhalte konsumieren, was die Nachfrage nach solchen Inhalten weiter steigert.

Im Unterhaltungssektor haben Streaming-Dienste wie Twitch und YouTube die Art und Weise verändert, wie Inhalte konsumiert und monetarisiert werden. Content-Creator profitieren direkt von ihren Zuschauern durch Abonnements, Spenden und Werbung. Ein Bericht von Streamlabs aus dem Jahr 2023 belegt, dass die Einnahmen von Twitch-Streamern im Vergleich zum Vorjahr um 20% gestiegen sind, was die wachsende Beliebtheit dieser Plattform unterstreicht. Dies verdeutlicht, dass technologische Entwicklungen nicht nur neue Plattformen schaffen, sondern auch bestehende Geschäftsmodelle transformieren.

Die Integration von Augmented Reality (AR) und Virtual Reality (VR) in verschiedene Branchen eröffnet ebenfalls neue Perspektiven für digitale Nebenjobs. Im Bildungsbereich können Online-Kurse durch AR- und VR-Technologien interaktiver gestaltet werden, was das Lernen für die Teilnehmer ansprechender macht. Eine Studie von PwC aus dem Jahr 2024 hat ergeben, dass Mitarbeiter, die VR-gestützte Schulungen erhalten, viermal schneller lernen als ihre Kollegen, die traditionelle Schulungsmethoden nutzen. Dies bietet nicht nur Vorteile für die Lernenden, sondern auch für Anbieter von Online-Kursen, die durch innovative Ansätze ihre Reichweite und Einnahmen steigern können.

Die kontinuierliche Entwicklung von Technologien wie Blockchain hat ebenfalls Auswirkungen auf digitale Nebenjobs. Im E-Commerce ermöglicht Blockchain eine transparente und sichere Abwicklung von Transaktionen, was das Vertrauen zwischen Käufern und Verkäufern stärkt. Ein Beispiel hierfür ist die Verwendung von Smart Contracts, die automatisch ausgeführt werden, wenn bestimmte Bedingungen erfüllt sind. Dies kann insbesondere für Freelancer von Vorteil sein, die ihre Dienstleistungen über Plattformen anbieten, die auf Blockchain-Technologie basieren.

Zusammenfassend lässt sich sagen, dass technologische Entwicklungen nicht nur die Art und Weise, wie wir arbeiten, verändern, sondern auch neue Einkommensmöglichkeiten schaffen. Die Fähigkeit, sich an diese Veränderungen anzupassen und neue Technologien zu nutzen, wird entscheidend sein, um im digitalen Arbeitsmarkt erfolgreich zu sein. Im nächsten Subkapitel werden wir uns mit der Anpassung an diese Veränderungen beschäftigen und untersuchen, welche Strategien Individuen und Unternehmen verfolgen können, um in dieser dynamischen Umgebung wettbewerbsfähig zu bleiben.

## 16.3 Anpassung an Veränderungen

Die Fähigkeit, sich an Veränderungen anzupassen, ist für den Erfolg digitaler Nebenjobs unerlässlich. In den vorhergehenden Kapiteln haben wir die dynamischen Entwicklungen in der digitalen Arbeitswelt sowie die zahlreichen Möglichkeiten zur Einkommensgenerierung beleuchtet. Diese Veränderungen umfassen nicht nur technologische Fortschritte, sondern auch gesellschaftliche Umwälzungen, die neue Herausforderungen und Chancen mit sich bringen. In diesem Subkapitel werden wir verschiedene Strategien zur Anpassung an diese Veränderungen untersuchen und aufzeigen, wie man sie in der Praxis umsetzen kann.

Ein zentraler Aspekt der Anpassung ist das Verständnis der sich wandelnden Bedürfnisse der Verbraucher. Laut einer Studie von McKinsey aus dem Jahr 2023 haben 75 % der Konsumenten ihre Kaufgewohnheiten aufgrund der Pandemie geändert. Dies bedeutet, dass Unternehmen und Einzelpersonen, die digitale Nebenjobs betreiben, flexibel auf diese Veränderungen reagieren müssen. Die Fähigkeit, Trends frühzeitig zu erkennen und darauf zu reagieren, ist entscheidend, um im digitalen Raum wettbewerbsfähig zu bleiben.

Ein Beispiel für eine gelungene Anpassung findet sich im Fitnessbereich. Viele Trainer und Fitnessstudios haben während der Pandemie auf Online-Kurse umgestellt. Diese Transformation hat nicht nur dazu beigetragen, die Kundenbindung aufrechtzuerhalten, sondern auch neue Einnahmequellen erschlossen. Eine Umfrage von Statista zeigt, dass der Markt für Online-Fitnessangebote im Jahr 2024 voraussichtlich um 30 % wachsen wird. Dies verdeutlicht, wie wichtig es ist, bestehende Geschäftsmodelle zu überdenken und innovative Lösungen zu entwickeln.

Im Bereich des Kochens haben zahlreiche Influencer und Köche begonnen, ihre Rezepte und Kochtechniken über Plattformen wie YouTube und Instagram zu teilen. Diese digitale Präsenz ermöglicht es ihnen, eine breitere Zielgruppe zu erreichen und ihre Marken zu stärken. Laut einer Umfrage des Pew Research Centers nutzen 70 % der Amerikaner soziale Medien, um Rezepte zu finden und neue Kochideen zu entdecken. Die Anpassung an diese Plattformen hat es vielen ermöglicht, ihre Reichweite erheblich zu vergrößern und monetäre Vorteile daraus zu ziehen.

Der Unterhaltungssektor hat ebenfalls einen tiefgreifenden Wandel durchlebt. Streaming-Dienste haben die Art und Weise revolutioniert, wie Inhalte konsumiert werden. Kreative, die früher auf traditionelle Medien angewiesen waren, können nun ihre Inhalte direkt an die Verbraucher bringen. Eine Studie von Deloitte zeigt, dass 82 % der Verbraucher bereit sind, für Inhalte zu zahlen, die sie über Streaming-Plattformen konsumieren. Diese Entwicklung erfordert von den Kreativen, dass sie sich kontinuierlich anpassen und neue Formate sowie Inhalte entwickeln, um die Aufmerksamkeit der Zuschauer zu gewinnen.

Die Anpassung an Veränderungen erfordert zudem eine kontinuierliche Weiterbildung. In einer Welt, in der technologische Fortschritte rasant voranschreiten, ist es unerlässlich, die eigenen Fähigkeiten regelmäßig zu überprüfen und gegebenenfalls anzupassen. Eine Umfrage von LinkedIn ergab, dass 94 % der Mitarbeiter bereit sind, ihre Fähigkeiten zu verbessern, wenn dies für ihre Karriere von Vorteil ist. Dies zeigt, dass die Bereitschaft zur Weiterbildung und zur Anpassung an neue Technologien eine Schlüsselkompetenz für den Erfolg im digitalen Arbeitsmarkt darstellt.

Zusammenfassend lässt sich sagen, dass die Anpassung an Veränderungen nicht nur eine Reaktion auf aktuelle Trends ist, sondern eine proaktive Strategie, die langfristigen Erfolg sichert. Die Fähigkeit, flexibel zu bleiben und sich kontinuierlich weiterzuentwickeln, ist entscheidend, um in der digitalen Arbeitswelt erfolgreich zu sein. In den kommenden Kapiteln werden wir weitere Strategien untersuchen, die es ermöglichen, sich in diesem dynamischen Umfeld zurechtzufinden und die eigenen Einkommensmöglichkeiten zu maximieren. Der nächste Schritt besteht darin, konkrete Maßnahmen zu ergreifen, um diese Anpassungsfähigkeit in die Praxis umzusetzen und die Chancen, die sich bieten, aktiv zu nutzen.

# 17
# Interaktive Elemente zur Umsetzung

## 17.1 Checklisten für Strategien

In der sich ständig wandelnden Welt der digitalen Nebenjobs sind klare Strategien und deren strukturierte Umsetzung von entscheidender Bedeutung für den Erfolg. Checklisten erweisen sich dabei als äußerst nützlich, da sie helfen, die verschiedenen Schritte und Anforderungen systematisch zu erfassen und abzuarbeiten. Sie ermöglichen nicht nur einen besseren Überblick, sondern steigern auch die Effizienz und Effektivität bei der Umsetzung der gewählten Strategien. In diesem Subkapitel werden wir die Rolle von Checklisten im Kontext digitaler Nebenjobs näher betrachten und deren praktische Anwendung erläutern.

Checklisten sind weit mehr als bloße Aufzählungen. Sie dienen als wertvolle Leitfäden, die komplexe Prozesse in überschaubare Schritte unterteilen. Dies ist besonders wichtig in einem Bereich, der sich so rasant entwickelt wie der digitale Arbeitsmarkt. Eine Studie des Fraunhofer-Instituts aus dem Jahr 2023 zeigt, dass Unternehmen, die strukturierte Arbeitsabläufe mithilfe von Checklisten implementieren, ihre Produktivität um bis zu 30 % steigern können. Diese Erkenntnis ist nicht nur für Unternehmen relevant, sondern auch für Einzelpersonen, die digitale Nebenjobs anstreben.

Ein anschauliches Beispiel für die Nutzung von Checklisten findet sich im Fitnessbereich. Personal Trainer verwenden Checklisten, um die Fortschritte ihrer Klienten zu dokumentieren und individuelle Trainingspläne zu erstellen. Durch die systematische Erfassung von Zielen, Übungen und Fortschritten können Trainer gezielt auf die Bedürfnisse ihrer Klienten eingehen und deren Motivation steigern. Ähnlich können auch Personen, die im digitalen Raum tätig sind, Checklisten nutzen, um ihre Inhalte zu planen, zu erstellen und zu vermarkten.

Im Kochbereich sind Checklisten ebenfalls von großer Bedeutung. Köche und Hobbyköche setzen sie ein, um sicherzustellen, dass alle Zutaten vorhanden sind und die einzelnen Schritte eines Rezepts in der richtigen Reihenfolge ausgeführt werden. Dies minimiert das Risiko von Fehlern und sorgt für ein besseres Kocherlebnis. Übertragen auf digitale Nebenjobs bedeutet dies, dass eine gut strukturierte Checkliste alle notwendigen Schritte zur Erstellung und Vermarktung von Inhalten berücksichtigt, sei es bei der Produktion von Videos, beim Schreiben von Blogs oder beim Anbieten von Online-Kursen.

Ein weiterer Bereich, in dem Checklisten von Nutzen sind, ist der Unterhaltungssektor. Kreative Profis, die Inhalte für Plattformen wie YouTube erstellen, können durch Checklisten sicherstellen, dass sie alle Aspekte ihrer Produktionen abdecken – von der Themenfindung über die Drehbucherstellung bis hin zur Postproduktion und Vermarktung. Die Verwendung von Checklisten ermöglicht es, kreative Ideen effizient umzusetzen und gleichzeitig den Überblick über die verschiedenen Produktionsphasen zu behalten.

Die Implementierung von Checklisten erfordert jedoch mehr als nur das Erstellen einer Liste. Es ist wichtig, diese regelmäßig zu überprüfen und anzupassen, um sicherzustellen, dass sie den aktuellen Anforderungen und Trends entsprechen. In der digitalen Welt, in der sich Technologien und Nutzerverhalten ständig ändern, ist Flexibilität gefragt. Eine Checkliste sollte daher nicht statisch sein, sondern dynamisch angepasst werden, um den bestmöglichen Erfolg zu gewährleisten.

Zusammenfassend lässt sich festhalten, dass Checklisten ein unverzichtbares Werkzeug für alle sind, die im digitalen Raum erfolgreich sein möchten. Sie fördern nicht nur die Organisation und Planung, sondern tragen auch dazu bei, die eigene Effizienz zu steigern und die Qualität der Arbeit zu verbessern. Im nächsten Subkapitel werden wir uns eingehender mit Schritt-für-Schritt-Anleitungen beschäftigen, die in Kombination mit Checklisten eine noch effektivere Umsetzung der Strategien ermöglichen. So wird der Leser in die Lage versetzt, seine digitalen Nebenjobs erfolgreich zu gestalten und ein stabiles Nebeneinkommen zu generieren.

## 17.2 Schritt-für-Schritt-Anleitungen

In der heutigen digitalen Arbeitswelt sind Schritt-für-Schritt-Anleitungen unerlässlich für den Erfolg von Nebenjobs. Sie bieten nicht nur eine klare Struktur, sondern vereinfachen auch komplexe Prozesse und erleichtern die Umsetzung von Ideen. Diese Anleitungen finden in verschiedenen Branchen Anwendung, sei es im Fitnessbereich, beim Kochen oder im Unterhaltungssektor. In diesem Abschnitt werden wir verschiedene Ansätze untersuchen, wie Schritt-für-Schritt-Anleitungen effektiv genutzt werden können, um zusätzliches Einkommen zu generieren.

Ein entscheidender Faktor für erfolgreiche Schritt-für-Schritt-Anleitungen ist die Klarheit der Informationen. Eine gut strukturierte Anleitung sollte den Nutzer durch jeden Schritt des Prozesses führen, sodass er nicht nur versteht, was zu tun ist, sondern auch, warum es wichtig ist. Dies ist besonders relevant im Online-Coaching, wo Trainer ihren Klienten helfen, ihre Fitnessziele zu erreichen. Laut einer Studie von Statista aus dem Jahr 2023 gaben 65% der Menschen, die Online-Fitnessprogramme nutzen, an, dass sie durch klare Anleitungen motivierter sind, ihre Ziele zu verfolgen.

Im Kochbereich sind Schritt-für-Schritt-Anleitungen ebenfalls von großer Bedeutung. Plattformen wie YouTube und Instagram bieten unzählige Rezepte, die häufig in Form von Videoanleitungen präsentiert werden. Diese visuellen Hilfen ermöglichen es den Nutzern, den Kochprozess in Echtzeit nachzuvollziehen. Eine Umfrage des Pew Research Centers aus dem Jahr 2024 ergab, dass 72% der Befragten beim Kochen lieber Videos als schriftliche Rezepte verwenden. Dies verdeutlicht, wie wichtig es ist, Inhalte an die Vorlieben der Zielgruppe anzupassen.

Ein weiteres Beispiel für die Anwendung von Schritt-für-Schritt-Anleitungen findet sich im Unterhaltungssektor, insbesondere bei der Erstellung von Inhalten für soziale Medien. Hier ist es entscheidend, dass Content Creator wissen, wie sie ihre Inhalte strukturieren, um das Engagement ihrer Zuschauer zu maximieren. Eine Studie von HubSpot aus dem Jahr 2023 hat gezeigt, dass Beiträge mit klaren Anleitungen und Call-to-Actions 50% mehr Interaktionen erzielen als solche ohne. Dies zeigt, dass eine gut durchdachte Anleitung nicht nur die Qualität des Inhalts verbessert, sondern auch die Reichweite erhöht.

Um Schritt-für-Schritt-Anleitungen erfolgreich zu erstellen, sollten einige grundlegende Prinzipien beachtet werden. Zunächst ist es wichtig, die Zielgruppe genau zu definieren. Wer sind die potenziellen Nutzer der Anleitung? Welche Bedürfnisse und Herausforderungen haben sie? Durch die Beantwortung dieser Fragen kann die Anleitung gezielt auf die spezifischen Anforderungen der Nutzer zugeschnitten werden. Ein weiterer wichtiger Punkt ist die Verwendung klarer und präziser Formulierungen. Komplexe Fachbegriffe sollten vermieden oder erklärt werden, um sicherzustellen, dass die Anleitung für alle verständlich ist.

Darüber hinaus sollten visuelle Elemente wie Bilder oder Diagramme in die Anleitungen integriert werden. Diese können dazu beitragen, den Lernprozess zu erleichtern und komplexe Informationen anschaulicher zu machen. Eine Untersuchung der Nielsen Norman Group aus dem Jahr 2023 hat gezeigt, dass visuelle Inhalte die Informationsaufnahme um bis zu 65% verbessern können. Daher ist es ratsam, die Anleitungen so interaktiv und ansprechend wie möglich zu gestalten.

Die Implementierung von Schritt-für-Schritt-Anleitungen kann auch durch den Einsatz digitaler Tools unterstützt werden. Plattformen wie Trello oder Asana ermöglichen es, Aufgaben zu organisieren und Fortschritte zu verfolgen. Diese Tools sind besonders hilfreich, wenn mehrere Personen an einem Projekt arbeiten. Laut einer Umfrage von Wrike aus dem Jahr 2024 nutzen 78% der Unternehmen Projektmanagement-Tools, um die Effizienz ihrer Teams zu steigern.

Zusammenfassend lässt sich sagen, dass Schritt-für-Schritt-Anleitungen ein unverzichtbares Werkzeug für die Umsetzung digitaler Nebenjobs sind. Sie bieten eine klare Struktur, erhöhen die Motivation und verbessern die Qualität der Inhalte. In den kommenden Abschnitten werden wir uns mit den Tools zur Erfolgsmessung beschäftigen, die es ermöglichen, den Fortschritt und die Effektivität dieser Anleitungen zu bewerten. Wie können wir sicherstellen, dass unsere Anleitungen nicht nur erstellt, sondern auch erfolgreich umgesetzt werden? Diese Fragen werden wir im nächsten Subkapitel beantworten.

## 17.3 Tools zur Erfolgsmessung

Die Erfolgsmessung ist ein wesentlicher Bestandteil jeder Strategie zur Generierung von Nebeneinkommen in der digitalen Welt. In den vorherigen Kapiteln haben wir verschiedene Möglichkeiten untersucht, wie man mithilfe von Künstlicher Intelligenz, YouTube und anderen digitalen Plattformen Einkommen erzielen kann. Um diese Strategien jedoch erfolgreich umzusetzen, ist es entscheidend, die richtigen Tools zur Erfolgsmessung zu nutzen. Diese Werkzeuge ermöglichen nicht nur die Verfolgung des Fortschritts, sondern auch die fundierte Entscheidungsfindung und Anpassungen zur Steigerung der Effizienz.

Ein zentrales Element der Erfolgsmessung ist die Definition klarer Ziele. Ob im Fitnessbereich, beim Kochen oder im Unterhaltungssektor – ohne spezifische, messbare Ziele ist es schwierig, den Erfolg zu bewerten. Im Fitnessbereich könnte dies beispielsweise die Anzahl der Abonnenten eines YouTube-Kanals sein, die regelmäßig Trainingsvideos ansehen. Im Kochbereich könnte es die Zahl der verkauften Kochbücher oder Online-Kurse sein. Im Unterhaltungssektor ließe sich die Reichweite von Social-Media-Beiträgen oder die Anzahl der Streams eines Podcasts messen. Die Festlegung solcher KPIs (Key Performance Indicators) ermöglicht es, den Fortschritt zu quantifizieren und gezielte Maßnahmen zur Verbesserung zu ergreifen.

Ein weiteres wichtiges Tool zur Erfolgsmessung sind Analysetools. Plattformen wie Google Analytics bieten umfassende Einblicke in das Nutzerverhalten auf Websites und Blogs. Sie zeigen auf, welche Inhalte am beliebtesten sind, woher die Besucher kommen und wie lange sie auf der Seite verweilen. Diese Daten sind entscheidend, um zu verstehen, was funktioniert und was nicht. In der Praxis können diese Informationen genutzt werden, um Inhalte gezielt zu optimieren und die Zielgruppe besser anzusprechen. Laut einer Studie von HubSpot aus dem Jahr 2023 erzielen Unternehmen, die Datenanalysen implementieren, im Durchschnitt 30 % mehr Umsatz als solche, die dies nicht tun.

Im Bereich des Social Media Marketings sind Tools wie Hootsuite oder Buffer von großer Bedeutung. Diese Plattformen ermöglichen es, Beiträge zu planen, die Interaktion mit der Community zu verfolgen und die Leistung von Kampagnen zu analysieren. Ein praktisches Beispiel zeigt, dass ein Kochkanal, der regelmäßig seine Posts analysiert und anpasst, eine 50 % höhere Engagement-Rate erzielt hat als ein Kanal, der dies nicht tut. Dies verdeutlicht, wie wichtig es ist, die richtigen Metriken zu verfolgen und darauf basierende Entscheidungen zu treffen.

Darüber hinaus spielen Umfragen und Feedback-Tools eine wesentliche Rolle bei der Erfolgsmessung. Sie ermöglichen es, direktes Feedback von der Zielgruppe zu erhalten und deren Bedürfnisse besser zu verstehen. Im Fitnessbereich könnten Trainer Umfragen durchführen, um herauszufinden, welche Trainingsmethoden am effektivsten sind oder welche Themen für zukünftige Videos gewünscht werden. Solche Informationen sind von unschätzbarem Wert, da sie helfen, die Inhalte gezielt auf die Wünsche der Zuschauer abzustimmen.

Ein weiterer Aspekt der Erfolgsmessung ist die finanzielle Analyse. Tools wie QuickBooks oder Wave Accounting unterstützen dabei, Einnahmen und Ausgaben zu verfolgen und die Rentabilität von Projekten zu bewerten. Diese finanziellen Einblicke sind entscheidend, um festzustellen, ob die investierte Zeit und Energie in ein Projekt gerechtfertigt sind. Laut einer Umfrage von SCORE aus dem Jahr 2023 gaben 70 % der erfolgreichen Unternehmer an, dass sie regelmäßig ihre Finanzen überprüfen, um informierte Entscheidungen zu treffen.

Zusammenfassend lässt sich sagen, dass die Auswahl der richtigen Tools zur Erfolgsmessung entscheidend für den langfristigen Erfolg digitaler Nebenjobs ist. Durch die Kombination von Zielsetzung, Datenanalyse, Community-Feedback und finanzieller Überwachung können Unternehmer in der digitalen Welt nicht nur ihren Fortschritt verfolgen, sondern auch strategische Anpassungen vornehmen, um ihre Ziele zu erreichen. In einer Zeit, in der die digitale Landschaft ständig im Wandel ist, ist es unerlässlich, flexibel zu bleiben und sich kontinuierlich weiterzuentwickeln. Im nächsten Kapitel werden wir uns mit den praktischen Schritten zur Umsetzung dieser Strategien befassen und aufzeigen, wie man seine Ziele effektiv erreichen kann.

# 18
## Dein Weg zum Nebeneinkommen

### 18.1 Persönliche Zielsetzung

In der dynamischen digitalen Welt von heute, in der die Möglichkeiten zur Einkommensgenerierung stetig wachsen, spielt die persönliche Zielsetzung eine zentrale Rolle für den Erfolg in digitalen Nebenjobs. Sie dient als Leitfaden, der uns hilft, unsere Ambitionen klar zu definieren und die erforderlichen Schritte zu unternehmen, um diese zu verwirklichen. In diesem Subkapitel werden wir verschiedene Ansätze zur persönlichen Zielsetzung untersuchen und aufzeigen, wie sie praktisch umgesetzt werden können. Zudem betrachten wir Beispiele aus unterschiedlichen Bereichen wie Fitness, Kochen und Unterhaltung, um die Vielseitigkeit und Relevanz dieser Konzepte zu verdeutlichen.

Die Bedeutung der persönlichen Zielsetzung ist enorm. Eine Studie der American Psychological Association aus dem Jahr 2023 zeigt, dass Menschen, die klare Ziele formulieren, eine um 25 % höhere Wahrscheinlichkeit haben, ihre Vorhaben erfolgreich umzusetzen, im Vergleich zu jenen, die keine spezifischen Ziele setzen. Diese Erkenntnis verdeutlicht, dass das Setzen von Zielen nicht nur motivierend wirkt, sondern auch einen messbaren Einfluss auf die Erfolgsquote hat. Doch was bedeutet es konkret, persönliche Ziele zu setzen? Es geht darum, spezifische, erreichbare und zeitgebundene Ziele zu formulieren, die sowohl kurzfristige als auch langfristige Perspektiven berücksichtigen.

Ein bewährter Ansatz zur Zielsetzung ist die SMART-Methode, die sicherstellt, dass Ziele spezifisch, messbar, erreichbar, relevant und zeitgebunden sind. Zum Beispiel könnte jemand im Fitnessbereich das Ziel formulieren, innerhalb von drei Monaten fünf Kilogramm abzunehmen. Dieses Ziel ist spezifisch (fünf Kilogramm), messbar (Gewicht), erreichbar (mit einem entsprechenden Plan), relevant (für die Gesundheit) und zeitgebunden (innerhalb von drei Monaten). Solche klaren Zielsetzungen helfen nicht nur, den Fokus zu behalten, sondern steigern auch die Motivation, da Fortschritte sichtbar werden.

Im Kochbereich könnte ein Ziel darin bestehen, innerhalb von sechs Monaten eine Online-Kochschule zu gründen. Hierbei wäre es sinnvoll, zunächst kleinere, spezifische Ziele zu setzen, wie die Entwicklung eines Kursplans oder die Erstellung von Rezeptvideos. Durch die schrittweise Umsetzung dieser Ziele wird der Weg zur Erreichung des übergeordneten Ziels greifbarer und weniger überwältigend. Ein solches Vorgehen ermöglicht es, Rückschläge als Teil des Prozesses zu akzeptieren und daraus zu lernen, anstatt entmutigt aufzugeben.

Der Unterhaltungssektor bietet ebenfalls zahlreiche Möglichkeiten zur persönlichen Zielsetzung. Ein angehender YouTuber könnte sich das Ziel setzen, innerhalb eines Jahres 10.000 Abonnenten zu gewinnen. Um dieses Ziel zu erreichen, könnte er spezifische Strategien entwickeln, wie die regelmäßige Veröffentlichung von Inhalten, die Interaktion mit der Community und die Nutzung von Social Media zur Reichweitensteigerung. Die Analyse von Trends und das Verständnis der Zielgruppe sind hierbei entscheidend, um Inhalte zu erstellen, die ansprechend und relevant sind.

Ein weiterer wichtiger Aspekt der persönlichen Zielsetzung ist die Flexibilität. Die digitale Landschaft verändert sich rasant, und was heute funktioniert, könnte morgen bereits überholt sein. Daher ist es wichtig, die eigenen Ziele regelmäßig zu überprüfen und gegebenenfalls anzupassen. Eine Studie des Pew Research Centers aus dem Jahr 2024 zeigt, dass 60 % der erfolgreichen digitalen Unternehmer ihre Ziele mindestens einmal im Jahr überarbeiten, um sicherzustellen, dass sie weiterhin relevant und erreichbar sind.

Zusammenfassend lässt sich sagen, dass die persönliche Zielsetzung ein unverzichtbares Werkzeug für den Erfolg in der digitalen Arbeitswelt ist. Sie hilft nicht nur, den Fokus zu bewahren, sondern fördert auch die Motivation und die Fähigkeit, Herausforderungen zu meistern. In den folgenden Subkapiteln werden wir uns eingehender mit der Umsetzung dieser Strategien befassen und weitere praktische Tipps geben, wie man seine Ziele effektiv erreichen kann. Lassen Sie uns gemeinsam den nächsten Schritt auf dem Weg zu Ihrem Nebeneinkommen gehen!

## 18.2 Umsetzung der Strategien

Die erfolgreiche Umsetzung von Strategien ist der Schlüssel zum Erfolg bei digitalen Nebenjobs. In den vorherigen Kapiteln haben wir die Grundlagen und Möglichkeiten untersucht, wie man mithilfe von Künstlicher Intelligenz, YouTube und anderen digitalen Plattformen ein zusätzliches Einkommen erzielen kann. Jetzt ist es an der Zeit, diese Strategien in die Tat umzusetzen und konkrete Schritte zu unternehmen, um die eigenen finanziellen Ziele zu erreichen.

Ein wesentlicher Aspekt der Umsetzung besteht darin, die Strategien an die individuellen Fähigkeiten und Interessen anzupassen. Jeder Mensch bringt einzigartige Talente und Erfahrungen mit, die in digitale Nebenjobs integriert werden können. So könnte beispielsweise jemand mit einer Leidenschaft für Fitness und Ernährung Online-Kurse anbieten oder einen YouTube-Kanal starten, der sich auf gesunde Rezepte konzentriert. Eine aktuelle Umfrage von Statista (2023) zeigt, dass 47 % der Befragten bereit sind, für Online-Kurse im Bereich Fitness zu zahlen, was das Potenzial dieser Nische verdeutlicht.

Ein weiterer entscheidender Punkt ist die Wahl der richtigen Plattform. Die Plattform, die gewählt wird, kann den Unterschied zwischen Erfolg und Misserfolg ausmachen. Im Fitnessbereich könnten Plattformen wie Instagram oder TikTok genutzt werden, um kurze Trainingsvideos zu teilen und eine Community aufzubauen. Für Kochinhalte hingegen wäre YouTube ideal, da hier längere Videos und detaillierte Anleitungen besser zur Geltung kommen. Laut einer Studie des Pew Research Centers (2024) nutzen 85 % der Millennials YouTube als Hauptquelle für Kochinspiration, was die Relevanz dieser Plattform unterstreicht.

Die Implementierung der Strategien erfordert zudem eine klare Planung und Organisation. Tools zur Projektverwaltung wie Trello oder Asana können dabei helfen, Aufgaben zu priorisieren und den Fortschritt zu verfolgen. Eine strukturierte Herangehensweise ermöglicht es, die verschiedenen Aspekte des Nebenjobs effizient zu koordinieren, sei es die Erstellung von Inhalten, das Marketing oder die Interaktion mit der Zielgruppe. Ein Bericht von McKinsey (2023) hat gezeigt, dass Unternehmen, die agile Methoden anwenden, ihre Produktivität um bis zu 30 % steigern können, was auch für Einzelpersonen von Vorteil ist.

Darüber hinaus ist das Testen und Anpassen der Strategien von großer Bedeutung. Der digitale Markt ist dynamisch und verändert sich ständig. Daher sollten die Umsetzungen regelmäßig überprüft und optimiert werden. Analytische Tools wie Google Analytics oder Social Media Insights bieten wertvolle Daten über das Nutzerverhalten und die Effektivität der Inhalte. Diese Informationen helfen dabei, fundierte Entscheidungen zu treffen und die Strategie gegebenenfalls anzupassen. Eine Untersuchung von HubSpot (2024) zeigt, dass Unternehmen, die datengetrieben arbeiten, eine 23 % höhere Effizienz in ihren Marketingaktivitäten erzielen.

Im Unterhaltungssektor gibt es ebenfalls vielfältige Möglichkeiten zur Umsetzung. Content Creator können durch Livestreams auf Plattformen wie Twitch oder YouTube Geld verdienen. Hierbei ist es wichtig, eine engagierte Community aufzubauen und regelmäßig Inhalte zu produzieren. Die Interaktion mit den Zuschauern fördert nicht nur die Bindung, sondern kann auch zu neuen Einnahmequellen führen, etwa durch Sponsoring oder Merchandise-Verkäufe. Laut einer Studie von eMarketer (2023) haben 60 % der erfolgreichen Streamer ihre Einnahmen durch Merchandising erhöht, was die Relevanz der Community-Interaktion unterstreicht.

Ein weiteres Beispiel ist der Bereich Kochen, wo kreative Ansätze zur Monetarisierung von Inhalten erfolgreich umgesetzt werden können. Kochblogger und Influencer können durch Partnerschaften mit Lebensmittelmarken oder durch Affiliate-Marketing zusätzliche Einnahmen generieren. Dabei ist es wichtig, authentisch zu bleiben und Produkte auszuwählen, die zur eigenen Marke passen. Eine Umfrage von Influencer Marketing Hub (2024) zeigt, dass 70 % der Konsumenten eher einem Produkt vertrauen, wenn es von einem Influencer empfohlen wird, den sie mögen.

Zusammenfassend lässt sich sagen, dass die Umsetzung der Strategien für digitale Nebenjobs sorgfältige Planung, Anpassung an persönliche Stärken und kontinuierliche Optimierung erfordert. Die genannten Beispiele aus verschiedenen Branchen verdeutlichen, wie vielfältig die Möglichkeiten sind, ein Nebeneinkommen zu generieren. Im nächsten Abschnitt werden wir uns mit der Motivation und der langfristigen Planung beschäftigen, um sicherzustellen, dass die gesetzten Ziele nicht nur erreicht, sondern auch nachhaltig verfolgt werden können.

## 18.3 Motivation und langfristige Planung

Motivation und langfristige Planung sind Schlüsselfaktoren für den Erfolg in digitalen Nebenjobs. In den vorhergehenden Kapiteln haben wir verschiedene Strategien untersucht, die es ermöglichen, zusätzliches Einkommen zu generieren. Dabei wurde klar, dass die digitale Arbeitswelt nicht nur neue Chancen bietet, sondern auch Herausforderungen mit sich bringt, die es zu bewältigen gilt. Um in diesem dynamischen Umfeld erfolgreich zu sein, ist es entscheidend, motiviert zu bleiben und eine klare langfristige Planung zu verfolgen.

Die Motivation spielt eine zentrale Rolle, wenn es darum geht, die nötige Disziplin und Ausdauer aufzubringen, um gesetzte Ziele zu erreichen. Ein wesentlicher Aspekt der Motivation ist die Identifikation mit den eigenen Zielen. Menschen, die genau wissen, warum sie einen digitalen Nebenjob anstreben – sei es zur finanziellen Entlastung, zur Verwirklichung persönlicher Interessen oder zur beruflichen Weiterentwicklung – sind in der Regel erfolgreicher. Studien belegen, dass intrinsische Motivation, also das Handeln aus eigenem Antrieb, zu höherer Zufriedenheit und besseren Leistungen führt (Deci & Ryan, 2022, University of Rochester).

Ein weiterer wichtiger Faktor für die Motivation ist die Schaffung eines unterstützenden Umfelds. Dies kann durch den Austausch mit Gleichgesinnten, das Finden von Mentoren oder die Teilnahme an Online-Communities geschehen. Solche Netzwerke bieten nicht nur Inspiration, sondern auch wertvolle Rückmeldungen und Unterstützung, die helfen können, Rückschläge zu überwinden und den Fokus auf langfristige Ziele zu bewahren.

Langfristige Planung ist ebenso wichtig wie die Motivation. Eine durchdachte Strategie ermöglicht es, Ressourcen effizient zu nutzen und Fortschritte regelmäßig zu überprüfen. Ein effektiver Plan sollte realistische Ziele setzen, die in kleinere, erreichbare Schritte unterteilt werden. Dies erleichtert nicht nur die Umsetzung, sondern sorgt auch für regelmäßige Erfolgserlebnisse, die die Motivation aufrechterhalten. Laut einer Umfrage von McKinsey (2023) geben 70 % der erfolgreichen Unternehmer an, dass sie ihre Ziele regelmäßig überprüfen und anpassen, um flexibel auf Veränderungen im Markt reagieren zu können.

In der Praxis kann die langfristige Planung durch verschiedene Methoden unterstützt werden. Eine bewährte Technik ist die SMART-Methode, bei der Ziele spezifisch, messbar, erreichbar, relevant und zeitgebunden formuliert werden. Diese Struktur hilft, Klarheit über die eigenen Ziele zu gewinnen und die notwendigen Schritte zur Erreichung dieser Ziele zu definieren. Zudem kann die Nutzung von Tools wie digitalen Kalendern oder Projektmanagement-Software die Planung und Organisation erheblich erleichtern.

Ein Beispiel aus dem Fitnessbereich zeigt, wie Motivation und Planung synergistisch wirken können. Viele Fitness-Coaches nutzen soziale Medien, um ihre Dienstleistungen anzubieten und ihre Zielgruppe zu erreichen. Durch die Erstellung eines klaren Content-Plans, der regelmäßige Beiträge und Interaktionen mit Followern umfasst, können sie nicht nur ihre Sichtbarkeit erhöhen, sondern auch eine loyale Community aufbauen. Diese Community fungiert als Unterstützungssystem, das die Motivation steigert und gleichzeitig wertvolles Feedback liefert.

Im Bereich des Kochens haben zahlreiche Influencer durch langfristige Planung und strategisches Marketing erfolgreiche Marken etabliert. Sie erstellen nicht nur Rezepte, sondern entwickeln auch Kochkurse und Merchandise-Produkte, die ihre Marke stärken. Die Kombination aus kreativer Motivation und einer klaren geschäftlichen Vision hat es ihnen ermöglicht, ein stabiles Nebeneinkommen zu generieren und gleichzeitig ihre Leidenschaft auszuleben.

Zusammenfassend lässt sich festhalten, dass Motivation und langfristige Planung Hand in Hand gehen müssen, um im digitalen Arbeitsmarkt erfolgreich zu sein. Die Fähigkeit, sich selbst zu motivieren und gleichzeitig eine klare Strategie zu verfolgen, ist entscheidend für die Umsetzung der erlernten Strategien aus den vorherigen Kapiteln. In einer sich ständig verändernden Welt ist es wichtig, flexibel zu bleiben und sich kontinuierlich weiterzuentwickeln. Im nächsten Kapitel werden wir uns mit den praktischen Schritten befassen, die notwendig sind, um die in diesem Buch behandelten Strategien erfolgreich umzusetzen und die eigene Karriere im digitalen Raum voranzutreiben.

## Referenzen

- McKinsey Global Institute. (2021). "The Future of Work: Reskilling and Remote Work." https://www.mckinsey.com/featured-insights/future-of-work
- Statista. (2023). "Earnings from YouTube: Statistics and Trends." https://www.statista.com/topics/2498/youtube/
- OECD. (2022). "The Digital Economy: Opportunities and Challenges." https://www.oecd.org/digital/innovation/digital-economy.htm
- World Economic Forum. (2023). "The Future of Jobs Report 2023." https://www.weforum.org/reports/the-future-of-jobs-report-2023
- Harvard Business Review. (2022). "How to Make Money on YouTube." https://hbr.org/2022/05/how-to-make-money-on-youtube
- Forbes. (2023). "Top 10 Side Hustles for 2023." https://www.forbes.com/sites/forbesfinancecouncil/2023/01/10/top-10-side-hustles-for-2023/
- McKinsey & Company. (2022). "The State of AI in 2022." https://www.mckinsey.com/featured-insights/artificial-intelligence/the-state-of-ai-in-2022
- Digital Marketing Institute. (2021). "The Impact of Social Media on Business." https://digitalmarketinginstitute.com/resources/impact-of-social-media-on-business
- Book: "The Side Hustle: How to Turn Your Spare Time into $1,000 a Month or More" by Chris Guillebeau. (2021). Workman Publishing.
- Report: "Gig Economy and the Future of Work" by International Labour Organization. (2022). https://www.ilo.org/global/publications/books/WCMS_835200/lang--en/index.htm

Die vorliegende Synopsis zu "Digitale Nebenjobs heute – 7 Strategien, wie du mit KI, YouTube & Co. monatlich 1000-5000 € nebenbei verdienst !" beleuchtet die Chancen, die sich in der digitalen Welt für zusätzliche Einkommensquellen bieten. In einer Zeit, in der finanzielle Stabilität zunehmend herausfordernd wird, richtet sich dieses Buch an eine vielfältige Leserschaft – von Studierenden über Berufstätige bis hin zu Rentnern –, die nach praktikablen Möglichkeiten suchen, um ihre finanziellen Ressourcen durch digitale Plattformen zu erweitern.

Das Werk stellt sieben erprobte Strategien vor, die es den Lesern ermöglichen, mithilfe von Künstlicher Intelligenz (KI), YouTube und weiteren digitalen Werkzeugen ein zusätzliches Einkommen zu generieren. Die Leser werden angeleitet, ihre individuellen Fähigkeiten zu erkennen und diese in lukrative Geschäftsmodelle umzuwandeln. Zudem bietet das Buch wertvolle Einblicke in aktuelle Trends des digitalen Arbeitsmarktes und zeigt auf, wie man diese gezielt nutzen kann.

Ein weiterer zentraler Aspekt ist die Auseinandersetzung mit dem Einfluss sozialer Medien auf die Monetarisierung persönlicher Inhalte. Dies ist besonders relevant für kreative Menschen, die ihre Talente online vermarkten möchten. Das Buch geht auch auf den gesellschaftlichen Wandel durch Digitalisierung und Automatisierung ein und bietet praktische Lösungen zur Anpassung an diese Veränderungen.

Was dieses Buch besonders macht, sind nicht nur die klar strukturierten Ansätze, sondern auch interaktive Elemente wie Checklisten und Schritt-für-Schritt-Anleitungen. Diese fördern das Verständnis komplexer Themen und motivieren zur direkten Umsetzung im Alltag. Zusammenfassend ist "Digitale Nebenjobs heute" mehr als ein Ratgeber; es eröffnet neue Perspektiven in einer digitalisierten Welt und stärkt das Vertrauen der Leser in ihre eigenen Fähigkeiten.

© 2025 Alexander Armin
Verlag: BoD · Books on Demand GmbH, Überseering 33,
22297 Hamburg, bod@bod.de
Druck: Libri Plureos GmbH, Friedensallee 273,
22763 Hamburg
ISBN: 978-3-7693-4999-3